Уређује
НОВИЦА ТАДИЋ

Ликовно обликује
ДОБРИЛО М. НИКОЛИЋ

На корицама
Ремон Дишан-Вијон
Бодлерова глава, 1911

знакови поред пута

Дејан Вукићевић
АЛЕЈА БИЗАРНИХ КИПОВА

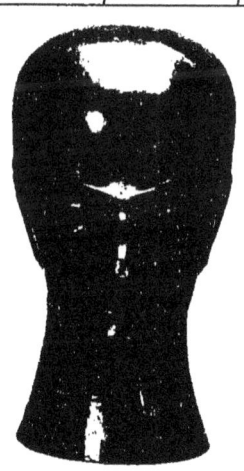

Рад / Београд
2002

„Le beau est toujours bizarre"
Шарл Бодлер

Једино је дефинитивно утврђено да је Борис Бекер имао орални секс са Рускињом Ангелом Ермаковом у Лондону пре две године. Он то не пориче. Све остало је уобичајено и нормално: она је задржала Бекерову сперму у устима, отрчала до аутомобила где ју је чекала руска мафија, која ју је хитно пребацила до лекара, где је Ангела испљунула сперму, а лекар је одмах вештачки оплодио.

Бекерови приватни детективи су чучали сакривени у канти за ђубре чекајући да Ермакова баци пелене своје 10-месечне бебе, нашли на пелени узорак ДНК, који су анализирали и утврдили да је дете заиста Борисово. Пошто је лекар употребио само један сперматозоид за оплођење, поставља се питање шта се догодило са осталих 399.999.999? И колико ће деце Бекер издржавати у догледној будућности?

Репортер (Бања Лука),
31. јануар 2001, бр. 145, стр. 62

ОПСЕСИЈЕ

CIRCULUS VITAE

Умрла је.
Децембарског јутра, као пре четрдесет и две године. Четрдесет једну, једанаест месеци, дванаест дана.
Умрла је Гроздана.
Мраз стеже као кад сам први пут закорачила кроз мрачни пролаз и покуцала на дебела, храстова врата што су шкрипала као њена плућа. Данас цвиле, или се то из црвоточног рагастова чују стари црви.
И тада је све било старо, само је сад старије за четрдесет две године. Подне даске које се угибају као клавирске дирке, колонијални нахерени лустер, бели ћутљиви зидови, масивни сто што су га негде правили затвореници а Гроздана купила на распродаји...
Јутрос је умрла. Знам, јер јој је тело било још топло кад сам ушла и, као сваког другог јутра, ако би спавала, ставила јој мало огледало испред уста. Често би ми се учинило да није замагљено, али, кад бих примакла још ближе, сваки пут бих се преварила. Не могу да кажем, било је у сваком покушају наде... није то чак ни нада, не знам како бих назвала, уверење, или шта већ...
Гроздана, Гроздана, цео си ми живот узела. Помишљала сам чак и да ја твој заузврат узмем, одлазила у библиотеку, читала књиге из фармације. О отровима. Тако сам, чекајући наруџбину, листала часописе, уз њих почела и књиге да читам. Временом, све више је било наруџбина из белетристике а све мање из фармације. Толико сам се саживела

са Раскољњиковом да сам прочитала све од Достојевског. А богами није мало написао.

Од отрова сам дигла руке. Нек живот узима онај што га даје. Али, што је много – много је. Четрдесет и две године то траје. Толико сам прижељкивала њену смрт, а сад... Сад ми је свеједно.

Кад сам први пут крочила овамо, Гроздана је била стара – као ја сада. И болесна. Тешко ми је... тешко ми је да се сећам тог мразног јутра, с новинама отвореним на огласима и надом да ћу направити добар посао, судбину узети у своје руке. Помучити се око болесне старе бабе на издисају, осамосталити се за неку годину, удати, изродити дечицу која неће бити подстанари...

Цели један живот, Гроздана. Уз твоје узглавље. Прала, пеглала, чистила, кувала, хранила, на кашичицу, уздизала, поспремала, проветравала, купала, нокте подрезивала, фекалије по купатилу склањала... И све с надом да то неко одгоре гледа и да ће сванути и тај дан кад ћу ја рачун да наплатим. Дан кад се патња завршава и живот отпочиње. Дан мог другог рођења, светао, као први дан у години...

Е, Гроздана, колико си само укопних одела износила, а сад, ето, немам у чему да те сахраним. Отићи ћеш у мојим прњама на онај свет... А тамо те нико неће препознати. Већ одавно су те сви заборавили. Сви ови са испуцалих фотографија које никад нисам срела.

Ко си ти, уопште, Гроздана? И зашто ми никад ни о чему ниси говорила? Зашто си ћутала онако загонетно? Као Сфинга. Као да си знала... Шта ме чека.

Ех, Гроздана.

И мртва ме на муке стављаш. Никад ниси помињала ни попа ни блех музику, и шта сам ја ту могла? Зато смо саме ти и ја овде. А и ко би ти дошао. Твоји исписници већ одавно су мртви. Три века си закачила! Није то мало. А таман су трећи зуби почели да ничу. Јуче, на огласном, умало да ти дам читуљу, кад се сетих – па зашто да је дајем кад ћу је једино ја и прочитати. А не знам и ово цвеће, шта ће... све ће то Циганчићи да разнесу... и нека носе, живи су...

Но, ипак нисам бадава тамо одлазила...

Мраз стеже све јаче... а дрва још нису исцепана... једино што је лепо од мраза су кристали на прозору... Та девојка с новинама под мишком... мора да је она...

ЛАДАН

Обучен у сиве тонове, да се не би истицао, клизио је неприметно уза зидове зграда града.

Отворио је врата продавнице сасвим неупадљиво, застао на тренутак да осмотри, а онда су га аутоматска врата аутоматски треснула. То је било довољно да се аутоматски окрене и крене назад. Корачајући сивим улицама и гледајући сива лица, докучио је бескрајну глупост подухвата. У ствари, треба да буде неупадљив обичношћу, никако некаквим намештањем. Застао је окренут излогу и наједном осетио, то јест видео је ништа, и осетио празнину. Могло би се помислити да је видео и тишину, али нека буде да ју је чуо. Мало потом, схватио је да стоји пред неонском рекламом на којој је писало EXIT. Какав је то кафе на којем пише да се из њега излази, размишљао је Матија В. Ладан, помишљајући да уђе, но увек би га натпис спречио у томе. Не може се ући тамо где стоји ИЗЛАЗ. У недоумици је, а тада је по правилу унезверен, зна да она води анксиозности, па је, да је предупреди, почео да се млати дланом по глави. Није му баш полазило за руком, али се убрзо досетио, извадио из унутрашњег џепа јакне прегршт зрна пасуља и бацао га по себи. Није марио што га пролазници на сасвим необичан начин гледају, битно је да се опасуљио. EXIT га је подсетило на егзерцир, па је донео одлуку о вежби уочи главног наступа, коју ће спровести – колико сад.

Но, после краћег освртања схватио је да су све радње затворене, а то може да значи само две ствари: једна, да ће план морати да помери за сутра, и друга, да су га ништа и тишина предуго задржали.

Код куће је морао да прође кроз уобичајену процедуру – прање руку алкохолом, чишћење одеће антисептиком и гажење кроз дезинфекциони сунђер. Жена Матије В. Ладана била је, иначе, хипохондар. То се раније и могло некако трпети, али с доласком бебе постало је неподношљиво. Зато је, одмах по уласку, сишао у „земуницу".

„Земуница" је рупетина коју је сам ископао испод рођене куће (у ствари, не баш рођене јер се није ту родио, а кућа и није његова него женина, чак не ни женина, већ њених родитеља, а и они су је наследили од својих). Елем, Матија В. Ладан је једном приликом, вршећи супружанске обавезе, а после хистеричног напада своје жене, јер шта ће, побогу, каца с киселим купусом на тераси у априлу, кренуо да је избаци. Не жену, кацу. Како је била превише тешка, одлучио је да прво излије воду у wc–шољу. Ал не лези враже, лењ какав је био, почео је да убацује и гњецаве усмрделе главице. Кад је завршио посао, отресао је дланове један о други и пошао да спава.

Из сна о потопу тргао га је вриск жене која је стајала у води до чланака. Смиривао ју је говорећи да је то само нека славина остала отворена и не дозвољавајући јој да изађе из собе. Док је он покушавао да, седајући на wc–шољу, прекине кухање канализационих течности, слушао је женин соло који се смењивао са дуетом жена–беба. Вода је продирала у све просторије а он је размишљао како све то да објасни, утом она отвори врата, презривим упитним погледом пресече га, а он, сад већ стојећи на шољи, слеже раменима и рече: Необјашњиво, сасвим необјашњиво. Жена је (с рукама у рукавицама) држала високо подигнут лист купуса.

Три дана су мајстори рударили по њиховом купатилу. За то време жена је с дететом била код њених а Матија В. Ладан је, гледајући рупу у купатилу, дошао на још једну генијалну идеју. Жени је рекао да мајстори нису урадили посао до краја и да ће га он довршити. Свако вече је кришом износио канте са земљом коју је бацао по цвећу. Цвеће је, захвално због гнојива, расло ванредно брзо и цветало неизмерно лепо. Кад више није имао куд са земљом, трпао је у кацу за купус.

Тако је настала „земуница".

И Матија В. Ладан је одлазио у њу под изговором да иде у поправку чим би му дозлогрдило са женом и дететом. Кад год би се дете усрало, па он морао да пере детињу гузу и говнаве пелене, кад би га жена терала у куповину, или да играју „мице" (а та игра му је прешла преко главе, јер би га подсећала на опасуљивање), он би одлазио доле.

Заваљен у фотељу, одмарао се. Једина обавеза била је да, с времена на време, залупа чекићем по цевима и тако остави утисак да нешто доле ради. Кад би зачуо женин глас, повикао би: Не чујем, не чујем! Вода шушти.

Жена се, вероватно, питала шта он то доле поправља кад је неспособан и сијалицу да заврне, али га је пуштала. Ипак је био максимално коректан према њој. Кад год би јој дошао јебач, он се повлачио. Једном је, чак, кад је из страха да не добије вагинални грч управо добила вагинални грч, на њено запомагање Матија В. Ладан дотрчао и припомогао у раздвајању слепљених љубавника. Било му је чак мало и смешно кад је видео како ходају као сијамски близанци.

Схватио је он да жена има тог љубавника чим је, после његове прве посете, видео налазе крви, мокраће, воде и других течности, HIV, TBC и остале тестове. Тако је и њега пред свако општење гонила да доноси све то. Али тога више нема.

Матија В. Ладан није само ленчарио у земуници. Он је радио на другом тому једног великог пројекта. Нико, па ни он сам, не би са сигурношћу могао да каже о каквом је пројекту реч, али је он крваво и предано радио на њему. Неће њему нико више говорити како је бескористан, будаласт – лузер – ни жена, ни ташта, па ни продавачица јаја, кад му је ту, пре неки дан, одбрусила: „Кретенчино!", јер је, забога, закачио њену тезгу. А покупио је и, чак, купио сва читава јаја што су преостала, те је могла обављена посла да иде лепо кући.

Дакле, неће њему више нико говорити да је шоња, папучар, рогоња, иако он сам зна да дете није његово, па не може се дете направити за пет месеци, није дете маче. Одавно се он већ не осврће на улична добацивања да му се, на пример, жена јебе ко штука. Шта се то њега тиче, не односи се то на њега. Уосталом, он зна да му се жена јебе ко штука, шта има ко да га информише о томе. Али њега нико не може назвати паразитом јер он се више не осећа тако.

Сео је за сточић, дохватио се писаљке, усмерио електрично осветљење, набрао обрве и чекао. Ништа генијално није му падало у главу. Напрегнуо се, али опет – ћорак. Исфрустриран, стао је да се удара шакама по глави. Но, понекад је знао у томе и да претера. Обезнанио се, и глава му је клонула на празан лист папира.

Матија В. Ладан се пробудио пре осталих, бацио избалављени лист папира који је послужио као јастук, попео се до купатила, обријао, умио, два-три пута прднуо и, када се угледао у огледалу, замислио. Иначе, купатило је служило као „мислионица". Највеће идеје управо тамо су му долазиле, у осами и тишини (тишини?). Каткад би се задржао и по неколико сати, али проблем је био што је и жени купатило било омиљено место, па је морао да се повуче. Неколико метара испод.

Елем, Матији В. Ладану је, док се замишљено гледао у огледалу, ко зна из којих сфера духа, пала још једна генијална идеја на памет: како то да се нико никад није бавио таквим стварима као бријање, као умивање, као мокрење, као прдење, као подригивање. Уосталом, зато је и престао да гледа филмове. Некад је волео да погледа неки вестерн или кунг-фу (има нечег у томе – исток и запад, треба и то прибележити), тај хладни поглед преко нишана пиштоља, или оно кад Брус Ли пређе окрвављеним прстом преко усана – то су просто тренуци незаборава. Али, временом је схватио величину лажи коју филмови приказују. Па где то има да каубој јаше од јутра до мрака, нит сере, нит пиша, нит једе, па ајде да у то и поверује, али шта је с коњем? Не бива, једноставно не бива то тако. Од тог тренутка просветљења није погледао ниједан филм.

Задовољан јер је гасове заменио генијалном идејом којој ће се посветити првом приликом, Матија В. Ладан изишао је – ближе чињеници је: извукао се – у прохладно јутро у којем га је дочекао хор врабаца. Подигао је главу да осмотри какав га то дан данас чека и закључио да је посран.

Журним и одлучним кораком ушао је у самоуслугу с друге стране града. Кретао се самоуверено између гондола док се није одлучио. Ипак, кад је пролазио поред белог лука, није могао да одоли. Касирке су почеле да се домунђавају и смејуље, он да се зноји. Док је његово болесно срце бубњало, није био сигуран је ли прваљен да у рукаву држи кобасицу или се смеју зато што је у корпи имао само једну главицу белог лука. А оне, у ствари, нису ни приметиле кобасицу која је вирила из левог рукава, већ врапчји измет на глави Матије В. Ладана.

У парку је, на клупици, позобао кобасицу с луком и гонио притом птичурине сећајући се јутрошњег догађаја. Коначно је схватио да у крађи нема ничег непремостивог. Чак је осетио и неку врсту сласти. И одлука је пала – вечерас се прелази Рубикон! Или беше: Рубикова коцка је бачена! Свеједно.

У сумрак, једна прилика би се, да није било тог проклетог птичјег говнета, кретала, отприлике неупадљиво, ка своме циљу. Било је упадљиво једино то што се на прилици јасно видела намера да остане неупадљива. Као и, наравно, превише често проверавање копчи на шлицу чега прилика никако није могла да се ослободи.

Прилика је закорачила у продавницу, али овога пута, аутоматска врата је задржала вешта нога која је лукаво постављена за собом. Охрабрена оваквим уласком, прилика је наставила да се креће између рафова и загледа изложену робу, успут, наравно, разгледајући положај огледала. Љубазно се осмехивала продавачицама које су се већ, љубазно, смејуљиле. Прилика је деловала као неко ко је неписмен па му слова баш ништа не значе и он је прелазио преко натписа као болесник од нистагмуса. Понегде би поправио где би штрчало, неку књигу – јер о књигама је реч – би извукао, неку гурнуо. Неку би подигао, понеку, чак, прелистао, све се полако приближавајући циљу. Стратегија је била узети две исте књиге, разгледати а затим вратити једну, док би друга завршила у широком џепу капута. Уколико би џеп био промашен, постојала је, специјално за ту прилику, направљена мрежа.

– А-ха! – узвикнула је матора продавачица чешући перику другој, млађој и кијавичавој – А-ха! Овај је мој! И прилика није схватала ништа око себе, сем да се нашла у још једној неприлици, била је потпуно осујећена не могавши, због везаних руку, да се дланује а ни да се опасуљи. Није могла да примети кад су пре спуштене ролетне на излогу, притуљено светло и из магацина извучена страшна справа за мучење.

Позван је и ћелави шеф са брчићима. Он је преузео улогу иследника рекавши, пре свега, да ухваћени нема никаква права и да ће му се судити по статуту фирме, одмах и на лицу места, осим ако осуђени не изрази жељу да то буде на наличју, то јест у магацину, али како је тамо мемљиво, загушљиво и смрдљиво, биће боље по све да се суђење обави, као што је рекао, ту и што пре. На крају крајева ту су и корпуси деликти.

И таман кад се кијавичава спремала да прочита оптужницу (заједно са пресудом) која је већ била спремна, у тај пар банyше, као анђели спасења, двојица у мантилима и повикаше:

– Ви опет нама лебац из уста узимате, а? Ел немате преча посла него то да радите? Па ел знате да сте три недеље већ под присмотром, а? Лебац ли ви јебем, да ви јебем лебац? А?

Док се јалова глава шефова знојила, продавачице су се почупале око тога која је у вођству у погледу хватања крадљиваца књига. Матора је говорила да је она више њих ухватила доказујући то зрневљем на бројаници а друга јој је ишла уз дуги нос говорећи да се они одбегли не рачунају.

Иследник, који је иначе имао звање самосталног иследника, затражио је од колеге-приправника неколико комада лисица да похапси по кратком поступку и без читања права све који су се затекли на лицу места. Млађи иследник је, дословно схвативши звање приправника, био у сваком моменту у приправности па је, затекавши се на џогингу, само отрчао кући по мантил, али и заборавио на лисице, мислећи притом да неће морати никога да хапси у књижари. Старији је прећутао је да је, када су га звали из централе, био затечен у коитусу и да су му лисице остале на везаној жени.

Кијавичава, млађа и глупља продавачица понудила је њихове, књижарске лисице. Самостални се, листајући корпус деликти, смешкао и гурнуо књигу у шаке приправнику рекавши:

– Каква безочна гомила глупости! Узми, ово је у сваком случају за тебе поучно штиво. А онда је наставио да испитује присутне.

– Добро, шта ти мислиш, барабо једна матора, а! Да се књиге џабе штампају? Да се неко мучио, зној проливо да би ти тек тако ладно ушо и под мишку... – окрену се двема рашчупаним продавачицама – Де је сакрио, испод мишка или испод мишке, а? Ха-ха-ха, мишко, ха-ха-ха. А, мишко, а? – опет се врати испитанику – Па ел ти мислиш, наркомане један, а шта ти је то на глави, а?

– Коса...

– Коса, а? Шта ти је то на коси, питам те?

– А, то... говно... птичје говно...

– Е па, посрећило ти се данас, а? А што ти је нос тако црвен? А? Шмрчеш, ел? И уши, што су ти уши тако црвене?

– Срце... лоше срце... лупа...

– Е, шефе, ова књига и није тако лоша, да видите само...

– Само ти читај и образуј се... Срце, а? А није лупало кад си крао? Која ти је ово крађа по реду, а? Све ћеш ти, благо мени, да пропеваш...

– Не знам, не умем... да певам...

– Научићеш ти мени, наркомане један, научићеш. Еси ти мислио да за књигу нећеш у апс, а? Ел ти неко реко да се за лебац и књигу не иде у апс, а? Е па слаго те тај што ти реко. Ја сам се само за такве и специјализово. Мислиш папир и брашно џабе, а? Па то је неко целу ноћ пеко и бдео, муку видо...

– Знам...

– Ма шта ти знаш, лебац ти јебем, да ти јебем лебац...

– Ја сам само...

– Ма шта си ти само, а? Све ћу ја вас говнавом мотком у апс. Дрогиранти, педери, лезбејке, дијабетичари, бисексуалци...

– Е, шефе, како рече да се зове овај...

– Ел чујеш шта те пита, одговори...

– Шефе, заборавили смо да легитимишемо...

Ту је прискочио у помоћ шеф књижаре:

– Ево, ми смо га већ уредно легитимисали...

– Шефе, па тај се исто зове као овај што је написо књигу...

– Како...
– Ево, пише: право име аутора Бориса В. Иана познато је редакцији и гласи Матија В. Ладан. Чак и средње слово исто... Какво смешно презиме... Само слика се не подудара... а и овај ми нешто познат... да видите шефе...
– Ију! Паде!
– Је ли ти? Шта си ми се ту пресамитио? Јес ти написо ово, а?
– Је... јесам...
– А што се слика онда не подудара, а?
– То је... то је... Клинт И... Иствуд... нисам имао ниједну своју... а и... а и рачунао сам... лепши је...
– Тек ми је сад ствар сумњива. Што би неко крао сопствену књигу, а...
– Можда није добио ауторске примерке, знате какви су издавачи данас, ми то знамо...
– ...а пара није имао да купи... и то се зна...
– Е, шефе, овај је... јеботе, овај скроз ладан...

МРТВА ДУША

„То је, мислила сам у себи,
та чувена *Енциклопедија мртвих*!"

Шпалир, као део протокола, био је редован начин да се поздрави новак, и ја сам, са нераспакованим кофером крај ногу, новинама с бомбастичним насловима под мишком, стајао, помало збуњен, у неочекиваној улози онога ко поздравља почасну гарду. То што долазим из престонице ваљда их је још више укрутило, уозбиљило, усвечарило. Страх је већ био насељен, видело се да и они читају новине. Руковао сам се са свима, има ту, свакако, оних који су на време схватили да су студије књижевности биле један од већих промашаја, па су нашли ухлебљење овде, оних који то нису схватили, па пишу песмице кришом, чак и од самих себе, и оних који су покушали да држе наставу у школи, али су схватили да су деца паметнија од њих.

Управник је учтиво објаснио процедуру која се састојала у обуци и пролажењу кроз сва одељења куће, што ће почети колико сутра, те да сада могу да одем до хотела и распакујем се, а он ће се већ побринути да ми нађе неки пристојан смештај на дуже. У поласку, чуо сам случајну опаску мојих нових колегиница:

– Нисам знала да је Тито био лекар.
– Откуд ти то?
– Ево види, пише *др*.

(То је она иста што ће касније тражити *Лучу микрокозу* у фонду.)

Поподневни сан лако су ми прекинула црквена звона, остатак дана провео сам у тихој шетњи уживајући у концентрисаности објеката: обданиште, школа, црква, пекара, кафана, хотел, гробље... све у кругу од петсто метара. Можеш цео живот да проживиш а да се не макнеш из круга.

Ујутро, како нипошто нисам хтео да закасним, био сам први, мада не баш сасвим јер је црна улична цукела, с којом сам поделио доручак, већ глурила испред. Колега ранoранилац само је климнуо главом, спорим покретима откључавао врата, како стигне први на посао кад је тако спор, помислио сам.

Прво одељење кроз које је требало да прођем било је, логично, физичка обрада и инвентарисање. Посао лак и досадан – узмеш књигу, отвориш књигу, лупиш печат, упишеш сиглу, печат, окренеш страну, печат, окренеш крај књиге – опет печат. У инвентарној књизи, опет, попуњаваш рубрике: инвентарни број; аутор, наслов, место и година издања, издавач; димензије; начин набавке; сигла; напомене. Посао у који се брзо уђе, још брже пожели да се изађе.

Колегиница која је водила одељење била је ситна и црна, као њене наочаре, мршава. Предано је радила свој посао, чак, са неким сувишком ревности. У почетку ћутљива, касније несносно брбљива и знатижељна, тако да сам све више зидао књиге које су чекале на обраду између нас, кад сам крочио у њен простор, рекла је:

– Да ли знате зашто Црногорке носе увек црнину?

– Да – одговорио сам – да ли то значи да сте ви Црногорка?

У посету су јој долазиле једино кћери близнакиње, сасвим обичне, с једном необичношћу – кад је једна говорила, гледала је у под, док би друга пиљила човеку право у очи, па онда на смену – и секретар градског Клуба пензионера, јер им је водила књиге.

После неког времена, скренута ми је пажња да би требало да променим одељење. Мислим да нисам ушао у све финесе, рекао сам. Која је њена прича, и како доћи до ње, мислио сам.

Шкољка се сама отворила и, једног јутра:
– Мислим да вам могу поверити једну тајну.
– А зашто мени?
– То вам, нажалост, не могу рећи, али како време одмиче, све сам сигурнија.

Све што сам о њој до тада знао било је да има некако чудан однос према сопственој деци, да им ускраћује нека задовољства на рачун сопствених, да увек прва сазна о нечијој смрти, да после нема мира док не обавести све оне које познаје о томе, да пензионерима закида где год може, одузимајући (приходе) ни од чега, додајући (расходе) где има, да је једном, кад су јој јавили за смрт бившег градоначелника, само јетко себи у браду просиктала: ето, остао је дужан две књиге библиотеци, да је деда близнакиња био уважени специјалиста судске медицине.

Једном сам је, чак, и упитао:
– Како то ви тако муњевито сазнате да је неко умро, пре свих?
– Прво, имам неки предосећај. Ево, пре неки дан кад се онај банкар обесио – идем улицом, видим беле хризантеме, и помислим: боже, коме ли ћу да их носим! купим их, ставим у ову вазу и сачекам. Друго, кад идем на паузу, не губим време по излозима и пијацама, ја обилазим бандере и дрвеће са умрлицама, сравњујем са подацима које имам. Треће, довољно сам стара да знам све становнике овог места, млађе не баш сасвим, али радим на томе, знам, значи, посебно оне који су ризична група – дијабетичаре, коронарне, наркомане, ево, на пример, глас јој утихну, наже се поверљиво преко стола – ова горе – и показа у правцу неке од горњих канцеларија – не знам шта више чека, три шлога је имала, на чему то њено срце ради, појма немам, то не би ни нилски коњ издржао.

– Је л' има још?
– Молим?

– Мислим, рекли сте један, два и три, је л' има четврто?

– Четврто, има и четврто. Ја, на пример, читам новине отпозади, и ту се обавестим, у ствари, мене занимају само читуље и црна хроника. Понекад, временска прогноза, али ретко.

– А зашто прогноза?!

– Па због метеоропата, они су ризичнија група него што се мисли, знате.

Знао сам и једну, извесно, пикантерију. На обраду је стигла и једна књига о бебама. Узела ју је у руке, окретала, наметљиво изнуђујући неко питање.

– Је ли све у реду? – покушао сам да будем дискретан. Уздахнула је.

– Знате, пре кћери имала сам једно мушко...

– И, је ли живо?

– Није – опет је уздахнула – још као беба... Под неком књигом сличном овој увела сам га... Више се ни броја не сећам...

– Па како се то, мислим, десило? – питао сам очекујући неку причу из *Ревије 92* на коју је била претплаћена.

– Био је болестан, нешто са стомаком није било у реду, и онда, само одједном, утроба му се отворила. То вам је, знате, као кад у време свињокоља, окаче свиње и распоре их па из њих покуља све оно што се иначе не види, мора да сте то већ видели...

Шокиран хладноћом и пластичношћу описа смрти сопственог детета нисам никако реаговао.

Једнога дана, кад сам опет морао да образлажем разлоге за непримерено дуги останак у њеном одељењу, упитала ме је:

– Шта мислите о стотки? Округла цифра, 100 000, зар не? – рукама је правила нуле у ваздуху.

Нисам ништа мислио о цифрама уопште, па ни о округлим. Она се, у ствари, у завођењу књига, послу који ми није дозвољавала да сам радим, приближила цифри од 100 000.

Некако су тих дана почеле да прште оне бомбе са насловних страна на све стране, рат је буктао, град је био кућа насред друма. Због слабог одазива, купили су младиће на улицама, облачили у униформе и обезбеђивали им превоз у једном правцу, да би се, убрзо, смешили са матурантских фотографија на умрлицама. Мене су тражили неки непознати људи који се нису представљали, али смо се некако мимоилазили.

Колегиница је првих дана била изнурена, неиспавана, кретала се као рањена звер, мислио сам, рат је, тешко га подноси. Виђао сам је на телевизијским снимцима у прилозима који су приказивали згаришта, кратере, допремање, умотаних у заставу, металних сандука. Увек би се некако дискретно смештала у снимак, али то се тако често понављало да је постајало правило.

С друге стране, на послу је радила и превише и прековремено. Излазила једино у време сахрана. Ни раније их није пропуштала, али сада ју је, кад су постале свакодневне, то толико смарало да је једва ходала. А и године су, ваљда, са своје стране, одмагале.

Једне вечери, у касној шетњи, пролазио сам мимо зграде у којој сам радио, горело је светло њене канцеларије, предомишљао сам се неко време и – свратио. Зграде у којима преко дана врви, навече тихују као кошнице. Уопште, све је другачије, због сенки које дају нови карактер предметима.

Није била изненађена. Можда мало затечена, склонила је боцу с некаквом течношћу. Стао сам да објашњавам како ћу од сутра морати да идем на одељење периодике, није ме гледала, не верујем и да ме је слушала.

А онда је хрупио тај тренутак отворености и искрености којег сам се помало прибојавао:

– Не може се више издржати, притисак је велики – одложила је наочаре, кажипрстом и палцем стала да трља простор између очију – превише брзо умиру. Уморна сам – реченице је изговарала споро, са дугим паузама. – Ова књига, знате, ови томови инвентарних књига, носе једну тајну. Имамо близу сто хиљада књига, сад замислите да морате да испуните матичну књигу становника овог града. Колико би вам времена требало? Колико папира? Колико мастила?

– А зашто да их пописујем ако већ постоји матична књига рођених?

– Рођених да, а шта је с умрлима?

– Па, ваљда, постоји и таква, у архиву, или нечему сличном...

– Постојала је. До данас. Пала бомба. Ни камен на камену...

– Кад смо код тога, јесте ли чули да нам је колегиница са спрата данас поподне преминула, срце се зауставило...

– Ма, маните се тога, то су небитне ствари. Наравно да сам чула, већ сам је завела. Ова књига инвентара, вођена је паралелно, свакој књизи одговара једна мртва душа овог града.

Отворио сам последњу од књига.

– Не може се видети тек тако, писана је „мастилом" које сам сама измислила – затим је просула нешто што је личило на воду и – појавила су се слова, имена, адресе, годишта, подаци о висини, тежини, начину смрти. Свака рубрика за књиге имала је свој пандан. Само последња – напомене – остала је непромењена. У њој су била записана јављања умрлих после смрти, у сну („...да ми Анђа спреми онај црвени шал што сам га увек носио и да ми га пошаље по првом који крене овамо...", „...да ми се доставе патике или какви опанци, не могу у ципелама да бежим од овог скота што ме сахранисте крај њега, проклети да сте..."), на јави („...овако, ко сад што тебе гледам, драга моја, и показа руком, али ја не разумедох шта, окрену се и оде..."), у обличју вампира, духа. Шок је потрајао све време док сам, не баш сасвим свесно, прелиставао стране.

– А зашто... зашто сте то овде, у овим књигама...?
– Видите колико тога има – отворила је плакар иза леђа – одакле би ми био новац за тако нешто, време...
– Зашто баш мени све ово говорите?
– Па рекла сам вам већ. Сто хиљада је сасвим довољно округло...

Помислих како предосећа примицање сопствене смрти и како се прибира за њу. Осећао сам се у исто време нелагодно и заинтригирано, као у друштву тешког болесника, будућег мртваца.

– Колико је још остало до стотке?
– Неколико, још само неколико бројева...

Заспао сам тек пред зору и упао у ноћну мору, у сну сам схватао оно што нисам могао на јави – да се ти кругови односе на мене, ти кругови које је рукама непрестано правила, мртва душа.

TRACTATUS MOSQUITOS

Враћао сам се са моста необављена посла, осећај узнемирености још није прошао, велика вода увек га изазове, као што сатни механизам натера птичицу напоље, небо налегло на земљу, сунце у некој мишјој рупи чека своју уру, натраг ми се није дало, и немадох куд – уђох у прву биртију. Нисам стигао да прочитам назив *Obsession*, или ме није ни занимао. Застадох на довратку, ничега што би ме привукло унутра није било, сем, можда, натписа: „Вересију дајемо само особама изнад 85 (прецртано 80) година старости, уз обавезно присуство једног од родитеља".

Леђима окренут седео је човек у капуту чијег се модела више нико није сећао. За другим столом седео је молер с лицем фудбалера стежући једном руком чашу с пивом, другом пивску флашу, у паузи између два посла, вероватно, занимање му је откривала марамица којом је прекривао главу, са четири чворића везана са стране. Блаженог лица испијао је свој дневни оброк.

За шанком је седела опуштена жена, остатак од некадашње жене, усисавала кроз чибук ваздух који се састојао углавном од дима, уживајући, ваљда, у тој рециклираној опијености. Повремено би одмахнула главом у страну свађајући се са утварама, дајући им до знања – ко је, бре, она, и – шта оће, бре, они од ње.

Келнер се појавио из задњих просторија, жмурећи на једно око чувао га је од дима цигарете залепљене за доњу усну. Клизнуо сам до стола у углу размишљајући зашто су ме одувек привлачиле овакве рупе, с полусветом и сетом улице. Како сам се спустио на црвоточну столицу, тако се нешто заталасало у просторији – ваздух отежао од дима и муке. Када се примирио, замислио сам се.

Не знам колико је времена прошло, приметио сам да се одело осушило, а келнер ми се није обратио. Владао је неки чудан мир, можда није хтео да га ремети, помислио сам. А и сигурно је видео да сам одсутан, па није хтео да смета. Али није било тако.

У кафану *Ноћна мора* најодном је хрупио колпортер необјашњиве старости – изгледао је као дечак, али је имао бар тридесет година, са цвикерима, пискутавог гласа излистао је најважније наслове дана и називе новина, осврнуо се лево-десно и изишао. Није баш да га нико није приметио, некако је одједном биртија живнула. Сви су се макар промешкољили, неко се протегао, неко натегао флашу, келнер је пришао једном столу за којим нико није седео и очистио га, а ја сам му махао руком. Климнуо је главом и отишао за шанк. Када је поновио радњу и ја сам.

И још једном.

Онда је пришао, извадио нотес и оловку и почео да пописује: два пива (подигао је чашу наспрам светла да провери садржај у њој), један сок, кафа с дуплом киселом...

– Чекајте, чекајте мало, ја сам звао да наручим, немам ништа с овим...

– А ко ће ово да плати...

– Не занима ме ко ће, можда су вам побегли, не знам... уосталом, зашто не водите евиденцију... Стајао је, помало збуњен, почео да купи амбалажу, а онда застао, спустио опет на сто, извадио други нотес и показао ми:

– Ево моје евиденције!

– Шта вам је ово!? – неколико низова бројки било је исписано.

– Ево, ово пола бода су курве, један бод – то су

моје девојке, два бода – туђе жене, а три бода – то је, знаш, цано душо.

– Не знам ја шта је то...

– Деценирање, ја сам ти у крају највећи хименољубац и џелат у исто време – од седам до седамдесет седам. – Опет је покупио чаше и флаше и кренуо, с пола пута се вратио – пиво рекосмо, је л тако?

– Ништа још нисмо рекли. Чај са румом. Са доста рума.

– Значи, рум са чајем?

– Рецимо.

– Иде.

Отишао је, пратио сам га све до вратница на кухињи, онда сам пратио кретање вратница све док се нису умириле. Затим сам пратио њихово некретање.

Кад ми је досадило, стао сам да размишљам колики пут пређе огромна количина воде – од капи кише и росе, док се слију у змијицу од поточића, змијице у змију, змије у речице, речице у даждевњаке, даждевњаци у реке, реке у змајеве, змајеви на турбинама почну да бљују струју, и она путује – плус-минус, плус-минус – кроз крстасте далеководе, преко седам гора, кроз трансформаторе, жице и каблове, кола (а како би било препречити јој пут?), све до ове биртије, до њене задње просторије. Велики је то пут, можда зато келнер никако да стигне са чајем.

Опет је завладао онај мир – опет сам био мокар, овога пута ознојио сам се, од нервозе – и опет је прекинут на исти начин. У биртију *Код Монтија Пајтона* крочио је старац са тикетима за лутрију.

– Ово је тренутак кад се можда решава ваш живот (можда и јеси у праву, помислио сам), сада сте овде а сутра – већ се сунчате у Помпејима (погрешно су те научили, стари!). Не пропуштајте срећу! Треба само испружити руку (и бацити пар новчаница у бунар) и шчепати судбину за гушу.

Како је ушао, тако је и изишао, кафана је опет живнула, човек у капуту је пришао и сео за мој сто. Дуго и продорно је посматрао очима које су сијале и нису дозвољавале да се види било шта друго сем њих.

Напетост прекиде келнер приносећи ми чашу с топлим напитком.

– Нисмо у могућности да добавимо рум.

– Warum?

– Саобраћај са Румунијом је у прекиду код Руме.

– Па покушајте онда у Струмици. Тако је отприлике изгледао наш обострано неуспели дијалог.

Отпио сам гутљај напитка.

– А, добро, је ли у прекиду и саобраћај са Чајетином?

– Пардон, овде је обичај да се не помиње Чајетина, али делимично сте у праву, прекинут је саобраћај са Милочајем.

– Ама, човече божји, тражио сам чај са румом а ти ми доносиш грејану ракију као да сам Трачанин, па то стварно...

– Добро, па шта, презубио сам...

(– Ма, требало би те преко зуба – помислих).

– ...И ко ће ово сад да попије?

– Шта ме брига, попиј ти...

– Добро, а ко ће да плати?

Није се више дало трпети, али још мање мом „колеги" за столом, извадио је новчаницу и гурнуо на послужавник келнеру, и не гледајући.

– А ви, шта ћете ви да попијете, узвратио је овај.

– Ништа, ја не пијем. Рекао сам ти то већ једном.

Остали смо сами. Гледали се дуго и немо право у очи.

И опет је завладао онај необјашњиви мир.

И опет је прекинут. Овога пута Циганчица са цветовима. Ушла, обишла столове, изишла. Како су се врата залупила, тако сам чуо:

– Ти црвени печати... – уоквирио је руком своје лице.

– То је...
– Знам, знам. Ништа ми не говорите. Ако ико ишта зна о томе, њега управо посматрате – застао је – а знате ли ви којом се брзином та гамад размножава? Не верујем да знате. Знате ли да још увек није пронађено ефикасно средство?

Иако сам још осећао дејство опијата, или управо због тога, ништа нисам разумевао.

– Знате ли ви да су они тако ванредно оспособљени да, у току само једне сезоне, архетипски пренесу наредним генерацијама све што им треба за одбрану. Да су они из октобра несразмерно паметнији од оних из маја. У мају ћете их лако приметити: трче на беле површине, спори су, залећу се лако. А у октобру: шта мислите какви су у октобру? Е мој пријатељу, у октобру их нећете видети на белом, на равном, не, не. У октобру, кад прегледате собу, углове, доње површи полица, најзабитије закутке, кад угасите светло, притајите се и чекате да се појаве, неће их бити. Не, све док не заспите. А кад заспите, е мој пријатељу, кад заспите, тек тад почиње агонија. Ма, уосталом, шта вам причам. Види се да то знате...

Али, сигурно не знате, на пример, да је сасвим добро, ако не и задовољавајуће, средство одбране крављи дах. Али, молим вас, где пронаћи краву? Па и ако је пронађете, шта с њом? Или ћете код ње у шталу, или она код вас у кревет!

А ово сигурно не знате! Ово ће вас бацити с ногу, само ме саслушајте: установио сам директну, конкретну и необориву повезаност са вампирским родом. Па, погледајте само, молим вас. Сишу ли крв – сишу. Јављају ли се ноћу – јављају.

Прекиде га истрошена жена са шанка која приђе нашем столу, ухвати ме рукама за главу и стаде да опипава. Јевтин разводњен парфем ширио се, одмаче руке као опарена, задржа их у ваздуху с извијеним прстима, и промрмља:

– Глава самоубице. Приђе отпозади моме саговорнику и уради исто што и мени. Он је, занемео, ужагрених очију чекао шта ће се десити. Жена се нагло окрете и са кикотом оде до молерове главе.

И, као да се ништа необично није догодило, саговорник настави:

– Можете замислити то стање, сваке године од маја до децембра несаница. Од децембра до маја спавам, али време проводим у довијању како да их надмудрим. Шта да вам причам, све сам пробао. И мрежу на прозоре, и крему против њих, и оно што се у струју стави, па разне апарате и препарате – прави крсташки рат водим, пријатељу. Свака кључаоница запушена је новином, чак сам и вуду магију користио. Ништа. Ништа.

Оставим, знате, навече на тацни своје крви, само што им не сервирам, ко велим, напиће се, заситиће се, ма какви. Неће они усирену, оће свежу, брајко мој.

Чујем то зујање и кад је стварно и кад је само у мојој глави. Али, сад сам свикао па разликујем. Чујем их чак и на прозору са спољне стране. Страшно.

А још теже човеку пада кад зна да има оних на које не кидишу. Ни ту нисмо равноправни. Мене ће, бре, ако је један у соби – два д уједу... – намах испружи руку изнад наших глава и стеже је у песницу, принесе је мојим очима и отвори:

– Мува, обична мува. А шта ћу им ја кад рефлексно то радим. Све тамо до краја јула хватам их руком, кажем вам, спори су, глупи. Августовске већ морам муволовцем, а онима после не можеш ништа. У почетку сам у септембру и октобру узимао одморе и боловања. После више није вредело. Добио сам отказ. Сад сваки дан идем у библиотеку, читам литературу, али нема много тога, нико се није озбиљно позабавио. Можда ћу ја да напишем нешто. Размишљам и о неквом удружењу. Па, видите како је данас – имате и удружења посматрача птица, удружење старица-нимфоманки, чак се и сидаши удружују, само што не направе још удружење неуспешних самоубица... – тргох се, али он ништа није приметио. До тог тренутка посматрао сам молера који је у међувремену извадио мастиљаву оловку и на наличју етикете са пивске флаше нешто бележио. Мора да се прерачунава око квадратуре стана који је окречио.

– Да ли ви мене уопште пратите?

Заустио сам да изговорим неки од прикладних изговора, кад умало да ми се у устима нађе послужавник који је келнер принео и на коме се, наравно, није налазио чај са румом, већ кувано вино са каранфилићем.

– Ма, докле ћеш ти мене да... – али ме је шампион у сенилности пресекао:

– Овде сте ми сели, овде – показивао је на ћелаву главу – доста сам вас трпео. Само извољевате неког ђавола, никад вам ништа није по вољи. Ма, вратићу се ја на Пештер, на моје зелене таласе, тамо је небо двоглед за васиону, тамо је мечка домаћа животиња, трава постеља и, што је најважније – спустио је поглед и подигао руку – тамо нема вас.

Још пре самог краја тираде ја сам, видевши да је молер отишао, а заинтригиран оном етикетом, устао, пришао столу и прочитао:

> Сетим се како беше леп,
> над водама дубоким неким,
> као Месец бео,
> са луком танким и меким,
> један мост.
> И, видиш, то, утеши ме.

Вратио сам се свом столу збуњенији него пре одласка.

– А ви?

– Молим? – помислих да ме пита за печате од алергије на лицу.

– А ви, у чему је ваш, мислим, смисао?

МИТОПЕЈЕ

ЧОВЕК СА КРУЖНОГ ТРГА

Мисао је блудела васионом – кваркови, космичка тишина, сазвежђа, комете, хелиоцентрична маса, супернове, разлози постојања, црне рупе – што да не, свемирско огледало, и коме они пуне главу да ће се све скупити у једну тачку, нема шансе – спазио сам га у магновењу.

Више је то изгледало као саобраћајни знак, олистала младица. Корпа за ђубре, рецимо.

Отрже ме од космичке претраге, мимоилазећи га осетио сам како му је отворена аура, одузимао ми је карму, мантру, даире, све. Упао сам у његово гравитационо поље и почео да кружим. Трудио сам се да то буде спирала, просто – било би превише упадљиво кружити око неког човека са актовком тек тако.

Актовка је била црна, стара, изанђала. И он такође. Имао је више од пола века. По космичком сату ништа, али. Безизражајно лице, без намера, премештало је поглед с једне особе на другу, с друге улице на трећу, с треће зграде на четврту.

Вратио сам се с паузе и – одмах пришао канцеларијском прозору. Стајао је и даље тамо, на кружном тргу. Неколико корака лево, неколико десно. Неколико напред, неколико назад. Као да се негде запути, али увек застане, окрене назад.

Следећег дана на паузи, с буреком у рукама, прошао сам поред њега, исти покрети, исто безизражајно лице. Дроњаво Циганче му приђе:

– Ајде, бре, стари, немој, бре, посо ми квариш. Погледао је дете, окренуо се и наставио да корача. Циганче се, са кутијом за прошење, упутило ка другом тргу.

Пролазници су застајали, углавном докони пензионери, и посматрали га. Један се одважи и приђе:
— Колега, а против кога, ако смем, протестујете? И остали се окуражише – један по један, миц по миц – окружише га и започеше расправу.
— Не да су нам појели дванаесту пензију, него нам изедоше и једанаесту, и десету...
— А јеси гледо синоћ телевизију? Брука, брате, брука...
— Наше руке и наш зној су све ово створили, а сад...
— Е, не може више тако...
Чули су се повици а спарушене песнице витлале изнад седих глава. Гомила је, као квасац, бубрила а затим се удаљила према општини.
Човек са трга је поново остао сам.

Како годишња доба по неком унутрашњем нагону смењују једно друго, на ред је дошла и зима. А зими пада снег. Кажу да је из угрејане канцеларије лепо гледати како пада. По крововима, фасадама, мачјим брковима, шеширима, шофершајбнама, птичјим пазусима, залеђеним гранама, црвеним носевима. Чак и паучинастим угловима испод стреха.
По човеку са трга.
Кога чека тај човек? Шта чека?

Јутро и дан, плима и осека, годишња доба, све су то незаобилазни космички проблеми о којима сам ломатао главу кад је колегиница са хрпом папира крочила у канцеларију, спустила их на мој сто и пришла прозору:
— Јадник... – сажаљиво је и устрептало рекла.
— Зашто јадник? – прискочио сам лагано до ње.
— Сигурно нема кућу, сигурно нема никог...
По први пут, иза њених леђа, осетио сам чаробан парфем и, такође по први пут, схватио да је колегиница крхко, наочито, складно девојче:

– Зашто сте тако сигурни, може бити да он то тек онако, из хира, по одећи се не би рекло да је бескућник, па ни по ставу, видите како има неко... неодређено држање...

Хтела је да крене и – завршила у мом наручју, насмешили смо се збуњено једно другом...

Уживао сам у свом буреку с јагодама кад ми је пришао непознати лик и упитао:

– Јесте ли и ви ојађени? Коштица од лубенице је застала у грлу, али је „Молим?" успело да се пробије.

– Шеснаест хиљада марака! Шеснаест им мајки јебем, да им јебем! Задужио сам се до гуше, у понедељак ми је заказана операција. Сна и мира немам, жена ме је оставила. Следеће недеље ми узимају леви бубрег. Можда ћу морати и други да продам. А шта ћу после без бубрега? А шта ћу без жене? А колико су вама украли? – трзао је главом показујући иза мојих леђа. Тада схватих о чему прича штедиша који ће за који дан пишати на цевку.

– Не, ја нисам знао... – немушто сам одговарао.

– Ах, ви нисте знали. У незнању је мудрост, драги мој. Него, чуо сам да овде, испред банке, већ месецима демонстрира неки човек кога су ојадили као мене, па сам мислио да сте то ви. Чуо сам и да у актовки држи захтеве...

Одмахивао сам главом жваћући бурек с купусом а он се већ обраћао неком другом несрећнику.

Човек с актовком је за то време стајао на тргу, чак и не гледајући у правцу масе незадовољних штедиша која је нарасла толико да су стаклена врата банке попустила и расула се. Настао је општи метеж, грабеж и јурњава. На крају смо на тргу остали само ја, који сам довршавао свој празан бурек, и – човек са трга.

Годишња доба имају ту своју неумитну логику. Дошло је и пролеће. Као и увек, узимам бурек с месом и враћам се у канцеларију. Ослушкујем кораке по пролећном, звонком асфалту. Град је излепљен шареним, ведрим плакатима. С једне стране улице на другу окачени су транспаренти оптимизма, весеља и разбибриге. Осмеси и поздрави на све стране: уздигнут палац, или два прста у V, прва три прста, кажипрст и мали прст, цела шака.

Избори.

Чује се одјек корака, шум гласова надјачава веселе птице. У последњи мах извих се у страну, гомила је тутњала. Јео сам свој бурек са зељем и хватао реплике:

– Био је апсолутно у праву онај загонетни човек на тргу, мора им се показати песница, да виде с ким имају посла...

– Ма, ништа не може један човек, али овако удружени – све можемо...

– Није то никакав загонетан човек, то је наш вођа... сад је сигурно на челу... Како је само достојанствен...

– Ја нисам чуо да је нешто говорио...

– Ама, како није, мени се у једном тренутку учинило да је заустио нешто да каже... И сигурно је рекао, мора да је нешто рекао...

Запутио сам се – а камо бих, него – на трг.

Тамо је стајао човек с актовком. Док сам јео свој бурек с печуркама, слушао сам коментаре:

– Тај ти је шпијун, жнам ја такве. Штоји ту по чео дан и пошматра – ко ш ким, где, у колико шати, жбог чега, жашто, и онда правач на оно мешто – аха, тај ш тим, жбог тога и тога, до-бро, а онај, је л ш оном још, аха, где ше виђају, ту и ту, до-бро... ништа ше од њих не шакрије, пријатељу мој... па жнам ја ваљда! И ја шам радио жа њих.

Михољски ветрић је подизао и спуштао листове платана, пролазио сам поред човека са трга и застао. Црте су му се измениле – то се са прозора канцеларије није могло видети. Као да се незнатно и погурио. Али поглед је још увек исти, израз на лицу такође недокучив.

– Шта је, нема Годоа, а? – добацио је пролазник са црним шеширом. Занимљиво је посматрати те људе како ходају кружним тргом и препознавати путање планета. Углавном су то комете и метеори али појави се и покоји Меркур или Нептун који гледа излоге.

– Пустите га, видите да није нормалан...

– Можда је човек философ, неке перипатетичке школе, видите да стално шета тамо-овамо...

– Ма, лудак кад вам кажем, какав философ, данима он ту стоји, никад ништа не говори, само блене тако, пуко је он ко звечка...

– А јесте ли се запитали – шта ако можда није тако? Шта ако, као Диоген, тражи човека с лучем у по бела дана?

– Та, немојте молим вас, још ћемо га прогласити националним херојем... Лујка! Знате колико таквих има! Је ли то нормално понашање? Па реците сами. Можда је и припадник неке секте, ко зна.

– А шта је по вама нормално понашање? Мислите да имате право да процењујете то? Зашто ви, на пример, носите распарене чарапе? Је ли то нормално? И зашто сте потрошили више од сат времена на једног лудака са трга? Ниједан нормалан човек то не би урадио... Нико од нас нема право ни каменчићем да се баци на тог човека. У сваком од нас има бар зрнце њега...

Расправа се ширила, бурек са шкољкама је био одавно поједен а пауза за њега истекла кад сам кренуо и најeдном спазио натпис поред којег сам, сигуран сам, већ данима пролазио. Било је то некакво обавештење о лутријској визи у обећану земљу благостања и тако даље, и тако даље...

По закону великих бројева, или гравитације, можебити (Америка је велика земља, привлачна), извукли су ме на лутрији за исељеничку визу. Оженио сам се колегиницом, продао све што се дало продати и отишао.

Минуо је живот и почео сам да се прибирам за смрт, а једна ствар ми није дала спокоја: ко је онај човек са трга, кога је чекао (ако је уопште некога чекао), је ли нашао (ако је уопште тражио), о чему је размишљао (ако је уопште размишљао).

И вратио сам се, једног дана, из даљине, нешто чудно је струјало у грудима, неко би то назвао носталгијом, ја не бих, купио бурек с јајима и шетао улицама. Дошао сам до кружног трга – све се променило и све је било исто, као и увек.

Окренуо сам се на другу страну, ваљда превише жустро, сударио се с пролазником, сагнуо да дохватим актовку и свој бурек са буреком, кренуо са извињењем.

Подигао сам поглед и сусрео се с његовим. Хладан, одсутан, недокучив. Обрисао сам прашину с капута и актовке. Он је своју с непознатим садржајем и даље држао у руци стојећи још увек на тргу, без постоља, непомично, камено.

Поглед му је био још увек тврд, али жив, силовит, продирао је кроз главе људи са трга, кроз њихове избе, канцеларије, кроз космичку прашину и тишину. Све, тамо, до срца универзума.

АРГ СА ОГИГИЈЕ

Сунце се угљенисало, дан је цурио, ленствовао сам кад – наједном приметих да се док испунио светином. Ишчекивали су брод, значи среда је, једини дан који се разликује од других. Тад се окупе и они који имају, а богами и они што немају никаква посла. Са целог острва се прибере средом оно мало туриста који одлазе, њихове газде да их испрате, успут подигну пошту, купе штогод од робе која стигне заједно с брбљивим трговцима.

Једни одлазе, други долазе.

Моји другари, а и нису ми то неки другари, повремено одемо заједно у штету, углавном самујем, врзмају се по доку и гледају да нешто смотају пре но што их најуре. Придигао сам главу да боље осмотрим шта се дешава док ме опхрвавала јара, кад се из гомиле издвоји једна прилика по свему одударајући. Кржљав, ситан, са ситним наочарима, очима и пртљагом, гледао је зачуђено око себе, а онда се упутио у мом правцу. Ни рибар, ни туриста, трговац никако. Прошао је поред и не приметивши ме, а ја сам намах осетио да нешто између нас постоји и стао да га пратим. Пратио сам га на пристојној удаљености, као што жена, тамо доле јужније, прати мужа. Смрдео је на зној и повраћање, морска болест му више није страна, помислих.

Кад смо стигли до Великог језера, схватио сам да се упутио на Острвце, тамо где никад нисам био. Нисам био не зато што нисам хтео, већ зато што ми нису дали. Као да сам нека нижа врста, понеки Кербер би стајао у чамцу и, кад бих се промуваo иза леђа, избацивао ме. А откад знам за себе желим да одем на Острвце, нешто ме оданде привлачи.

Овога пута сам се направио луд. Рмпалија ми се простачки обрати:

– Где си ти пошо, а?

Спустио сам главу готов да пођем назад, кад мој нови пријатељ рече:

– Нека га, он је са мном – и додаде – ако треба, платићу.

Искрцали смо се, ја први. Успут ми је испричао да је то што су од средњовековног самостана направили хотел ужас, скрнављење, и још нешто што не знам шта значи. О некаквим конзолама, архитравима, сводовима, још којечему и ја тад схватих да је он или од оних што граде, или што копају – у сваком случају много учен, иако млад. Длаке на бради могу му се пребројати.

Када се распаковао, легао је на кревет, ставио руке иза главе и упитао:

– Како ти је име?

Ћутао сам. А шта сам друго могао. Нико ме никад није назвао по имену.

У ствари, нисам сигуран да сам га икад имао.

Сутрадан, у шетњи, док сам кривио врат јер сам много нижи, причао је о јучерашњој бури и целодневном лутању, о људима који су живели на Острвцету пре хиљаду и много година, како су живели, шта су, сем рибе, јели, колико су били високи, докле су путовали. Ајде, у реду, али одакле он зна и о чему су размишљали?! Уосталом, питао сам се, шта ће њему све то. Живот није баш тако једноставан да би се непотребно компликовао.

Али, с друге стране, све сам више бивао убеђен у то да је наша веза све чвршћа. То је доказивао и мој пријатељ, нарочито за обедом, кад је, у почетку, делио оброк са мном а онда и гонио конобаре, што ми је пријало више од садржаја, да доносе још један тањир. Тако је дошла и среда, ја сам много тога из археологије и антропологије научио, кад смо кренули на брод по пошиљку алата. Узео сам једну торбу, он остале кофере. Отишли смо право на локалитет. У почетку је морао да говори:

– Не то, то поред... не, не, оно скроз тамо, али после само неколико дана ја сам знао и шта је шпахтла, рекогносцирање, метлица, сондирање, тако да није морао ни да говори, по ономе на чему ради знао сам шта је потребно.

Једнога дана прешли смо брдо иза којег се у недоглед ширило отворено море. Стење је боцкало ноге. Говорио је како су се некад давно на острву змије тако намножиле да се више није могло опстати, па су однекуд донесени мунгоси да тамане змије. Али, онда су се мунгоси намножили. И тако, у причи, спустисмо се на море. Ја сам се, јер не волим врућину, склонио у мали хлад а он је сео и загледао се у пучину. Припека, тихо таласање, зрикавци, модро море, обојица смо уснули.

Пробудио нас је неки чудан звук, као да је нешто, одозго из пећине, пролетело поред нас, из воде је испливао клобук, и ја стадох да слушам приче о морским божанствима, чудовиштима, најадама и нереидама. О томе како његове колеге мисле да је управо ово острво Огигија на које је Одисеј свраћао. О псу Аргу који га је дочекао на Итаки. И мени се та прича учини познатом. Мој пријатељ се осећао на зној и видео сам да жели у воду, али га је модрина дубине спречавала да урони.

Утом, из модрине израни – не знам како то да назовем – наг, млад, одвише наг и млад, леп, неумерено леп цуретак избацујући дуго задржаван ваздух, тресући главом да збаци капи морске дубине. Била је, једном речју, ето, као статуа из ископина. Изронивши осмехнула се, а потом махнула руком. То је био позив који се не одбија, и то је мој пријатељ знао, још увек, очигледно, у чуду не схватајући шта се десило. Ја сам, да бих га окуражио, ушао први у море. После неког времена, сви смо се радовали вртећи се бесомучно у колу, она се безгласно смејала, он је разбио страх, мени је било лепо.

На стени је, устежући се, покушавао нешто да каже, али му је она ставила прст на уста и опкорачила га. Био је сав унезверен, видело се да му је ово први пут. Јахала га је немо, горње усне превучене преко доњих зуба, спуштених капака, у благој несвестици. Болан израз на његовом лицу говорио је о храпавој стени испод леђа.

И све то преда мном. Нису се либили. Нису ме чак ни примећивали. На крају крајева, као да нисам ни постојао за њих. И то ми је тешко падало. Из мисли о себи прену ме крик који је испустила, крик који се испушта у борби на живот и смрт. И умрла је. На тренутак.

Стресла се као кад змија збацује свлак, затреперила и изнова започела њихање, опет мичући уснама попут рибе и намичући се све дубље и дубље, у бездан из ког је, овога пута он, изронио умирући.

Дремали су једно на другом, ја више нисам знао јесам ли озлојеђен, или срећан. Лежао сам на стомаку са главом на рукама и посматрао како леже ознојени. Она је држала у руци његов дуго неупотребљавани, још несморени уд.

Онда је стала да га, још поспаног, лиже, од ножних прстију навише. Прелазила је језиком као змија, свуда где га је избезумљивало. Видело се да није сасвим свестан, негде на самој ивици сна и јаве, као онај на жици са мотком. И, чега ћу се све нагледати, прешла је на чмар, са њега на мотку, док се он увијао и тресао од нервног струјног удара.

Чинило се да је исисала из њега и последњу кап семена, кад – она се придиже, ухвати га за руке и, у ковитлацу, бацише се у море. Овога пута нисам хтео да сметам, било је сасвим очигледно да им нисам потребан у том колу које је више наликовало борби, тако су кидисали, скакали, урањавали. Стегла га је ногама око паса, рукама око врата, набијала се с неком неразумном жестином, надирао је у њу заједно с морем, све док се наједном нису, залетевши се на исту страну, сударили главама и обесвестили. Шта ми је друго остало него да их извучем на суво. Док су лежали на стени, исцрпљени и без свести, посматрао сам их са завишћу.

Кад су дошли себи, ништа ме нису питали, ваљда им је све било јасно, само су ми нежно прелазили руком по глави.

На путу до језера омркли смо. Чамац је клизио по равној површини, неко је рекао – бонаца – и ја сам одмах схватио шта је то. Због ње, сви смо кували ћутећи и огледајући се.

Њих двоје су, чим су крочили у собу, отишли у купатило оставивши одшкринута врата. Знао сам да је тај светлосни прорез због мене ту. Стајао сам на ходнику неодлучан да ли да уђем. У једну руку, вукла је знатижеља, с друге стране – ако им моје присуство увећава задовољство, а сва је прилика да је тако, зашто бих им угађао. Вода је шуштала и мешала се с уздасима, пара је куљала кроз прорез и мешала се с мраком из ходника, она прва страна је превагнула. Ушао сам.

Од завесе се није све видело, али њене руке на плочицама и ноге припијене једне уз друге, сапуница што се слива низ сјајна тела кроз која пролазе грчеви – јесу. Дахтање се убрзавало, сваки час мењали су позе, сад се ногама опирала позади о зид, сад је једну ногу дизала високо у страну, онда је, о чуда, он држао наопако и, док му је стезала бутинама главу, лизали су се узајамно. Био сам мокар од капљица које су прштале на све стране и вратио се у собу.

Стигли су за мном – носио је натакнувши је на ону мотку, увијала се у трансу и набијала. Трчао је од зида до зида брекћући као бик у кориди, као претоварено помахнитало магаре. Мотка је исклизнула и ја тад приметих да је дошло до забуне, није то ништа страшно, и мени се дешавало, омашио је отвор. Али, о небеса, она нестрпљиво врати мотку где је била и они наставише. Тад схватих да се није десила никаква грешка – то намерно раде.

Ноге су му клецале, стровалише се на кревет. Она се окрену стражњим делом, раскречи ноге изазовно док јој се стомак таласао и ја се тад по први пут узбудих. Иако је куцао на погрешна, „задња врата". Држао је, мада кржљав, снажно њена крхка рамена, као да ће да му побегне, набијао је све жешће, одакле им више снага, одакле му више семе, помислио сам све више се узбуђујући и желећи да се умешам. Она се тад окрену, придиже и приби уза зид. Угледавши ме, позва прстом. Таман сам кренуо кад је он погледа зачудно, с негодовањем. Она се насмеши, схватих да се само нашалила и укопах се.

Наравно да није ни наслутила колико ме је та шала заболела.

Онако витка, прибијена уза зид, као да није постојала. Леђима је рунила креч, ослањајући се само о зид и њега, он се већ испео на саму ивицу кревета, више се није имало куд увис – стропоштали су се онако слепљени. Сад је она била одозго, обоје су урлали, али ја сам имао утисак да он урла више од неког бола који је долазио одоздо, из мошњи.

Како је ноћ поодмакла, они само радили исту ствар, додуше сваки пут на други начин, а како је њихово игнорисање прешло сваку меру, решио сам да узвратим.

Заспао сам.

И спавао сам све док не осетих страшан бол у леђима, скочих на ноге и имао сам шта да видим, свањавало је а они су, ваљда опет изроњавајући из оног бездана, од силине поломили ногар на кревету. Снашао се врло брзо заменивши га дебелим књигама и, тек кад су они заспали, и ја сам.

Заједно с ноћи нестала је и она. Није помогло његово трчање по ходницима, распитивање и пресретање. Нико је није видео. Чак ни у доласку. Ни

Кербер из чамца је се не сећа. На крају те бесомучне излишне потере седео је на степеништу гледајући у мене. Као да је желео потврду да то, ипак, није био фантазам.

Па и није, радо бих му рекао, можеш се уверити ако погледаш моја леђа и ногар од кревета, али нисам.

Следећих дана одлазили смо заједно у шетње... у ствари, он је корачао, ја сам га пратио. За обедом, онолико колико би он смршао – ја бих се толико угојио. Ишли смо и на локалитет. Он би седео и зурио, ја трчкарао около. Понекад бих му донео неку алатку, али он је не би видео. А ни мене.

Мрзео сам је.

Уместо мене који сам ту, пред очима, он види њу које нема. Ако се потрудим, могу да разумем шта осећа, могу да видим ту празнину у његовој глави, па читав мој живот је празнина, али шта је са мојим осећањима? Где је испарила она блискост спочетка? Ја сам их, на крају крајева, у живот повратио. Сад би се рибице на морском данцету гостиле!

Дани су цурили капима један другоме налик. Од нашег пријатељства, од његовог занимања за науку није остао ни камен на камену. Тако све док једном, на ископинама, није, ходајући у растројству, набасао на отвор прастарог бунара. Ходао је право, као у сну, могао сам, није да нисам, да га зауставим, повучем за ногавицу, али, у магновењу, помислих да је можда боље пустити га. Можда на дну тог бунара наће своју нимфу. У сваком случају сазнаће и како су они праљуди градили бунаре. Ако га то још уопште занима.

После неколико туп! и једног плоп! притрчао сам и видео кругове на површини. Кад се вода примирила, помислих – боnaca – и видех како самом себи, сасвим несвесно, машем репом.

КЕНТАУР

– Уауааа!
– Уаауааааа!!
– Муамааааа!!!
– Шш-шшш није то ништа, Јеленице, Јеленче... шш-шшш ништа, ништа, ја сам ту, Јеко, види – ја.
– А мама, где је мама?
– Знаш да је мама отишла да ти купи хаљину и ципеле...
– А зашто је нема кад је још сутра отишла?
– Зато што си ти хтела велике ципеле и велику хаљину, знаш, као она што има.
– А зашто је нема да дође?
– Па зато што мора да чека да ти порастеш па да ти онда донесе веелике ципеле и веелику хаљину. Шта ће ти сад велике ципеле, сад си још мала.
– А кад ћу ја да порастем?
– А кад ћеш ти да престанеш да постављаш питања, а? Ко ће стоку да нахрани? Данас је недеља и тата је сишао доле да прода Миланку, ко ће да нахрани пипе, гуде, јаге, Церија...
– Ја ћу да нахраним пипе...
– Добро, знаш где је кукуруз?
– Знам!
Стрчала је у пицами, остао сам да седим још који минут на њеном креветићу. Да није ње лакше бих поднео мајчину смрт, овако, сваку ноћ скаче из сна, нешто је мори. А ни оцу није много боље. Само, њему је теже на јави, ноћу бар спава и не трза се. Синоћ се баш добро налио. Жао му ваљда Миланке, добра је била, послушна, али јаловица, а отац каже да је неколико пута водио код Митро-

вог Сивца и – ништа. Нема рачуна да је више држи. Припала му је мука и кад је Миланкину мајку водио на пијац. Мицу. Била је стара. Нема се рачуна.

– Јеко, јеси и мале и велике пипе нахранила.
– Је-сам.
– А јеси им воду променила?
– Ни-сам.

Почели су и мене да муче ти њени кошмари. Ноћу, кад заједи, тргнем се из сна, устанем и вребам демоне – тако је баба Грозда рекла кад су је водили да јој салива страву за те што Јеки улазе у снове. Кад више не могу да гледам како се тресе и зноји, пробудим је и питам шта је то плаши у сну, она каже: једно чедовиште. Кад јој кажем да ми га опише, она не уме.

***

Отац је доле, с пијаце довео нову ждребицу насмејана лица. Волим кад је он задовољан. Јека ју је одмах крстила – Јулија. Ја сам јој тих дана причао о Ромеу и Јулији јер сам морао да прочитам за лектиру. Она је сваку реч упијала и кад је отац уводио ждребицу у авлију повикала: Јулија, Јулија!

***

Свежа балега се испаравала док сам музао краве, ставио млеко да узварим, пробудио Јеку, пошао за шећер да засладим белу кафу и угледао дугачку колону малих штеточина која је стигла до кутије пре мене. Утом је наишла Јека: мали лопови, и кренула трагом мравље змије. Изишао сам и зауставио је док је дизала ногу на мрављу кућу.

– Немој, они само раде исто оно што и ми – хране се. Кад би знали да је крађа, сигурно не би то радили. Уосталом, шта ми радимо пчелама?

Чучнули смо заједно и посматрали. Јека је све добронамерније гледала мраве и, наравно, запиткивала:

– А што су мрави тако мали? А где су бебе од мрава? Оне се сигурно не виде колико су мале? А што толико мрава живи у једној кући? А имају ли мрави рингишпил?

На неколико мрављих километара од мравињака, кроз две рупице, излазили су мрави износећи мртве. Гробари – помислио сам и показао Јеки.

– А шта је то гробље? – питала је.

– Гробље је место где се сахрањују мртви. Видиш ове мраве што леже скврчени.

– А је л' наша мама мртва?

– Закаснићеш у школу, Велики Мраве – проговори отац у правом часу изнад наших глава – ко зна од када већ ту.

– А, оче, како може овако мали мрав да носи оволику мрву, трипут већу од њега – скретао сам тему и ја, невешто.

– Свако мора да буде довољно снажан да понесе свој терет – одговори он чучнувши поред нас.

– А шта ако неко не може да га понесе – говорио сам скидајући мраву мрву од три мрављe тоне с грбаче и пребацујући је у мравињак.

– Онда пропадне под теретом – рече отац. – Видиш како је сад овај твој мрав што си му скинуо товар сав изгубљен. Не зна шта се десило, да ли да се врати по другу мрву или да тражи ову, видиш, не зна куда ће.

***

У школи је досадно. Тамо нас уче о животињама. Мене више занимају оне које никад нисам видео – Горгоне, сирене, кентаури, једнорози, Пегази, сатири, све њих сам нашао после часа биологије у једној књизи из школске библиотеке. На часу ми је било досадно, Ђурица је извадио неке слике и показао ми. На њима су биле голе жене, скроз голе, с отвореним устима и прстима међу ногама. И Ђурица је завукао руку испод клупе и некако се чудно дрмао, не скидајући притом око са слика. Ја сам погледавао сад у њега, сад у наставника, не схватајући ништа. Онда је Ђурица клонуо главом зажмуривши. Чим је звонило угледао сам, извлачећи се из клупе, белу слуз на поду, баш онакву какву сам затицао с времена на време у гаћама кад бих се пробудио.

***

Предвече сам извукао ону књигу из библиотеке, Јека је намирисала забаву и прескочила у мој кревет. Заједно смо је листали а она ме је, наравно, на свакој страни питала: а шта је ово? Наједном је стала да урла: уауаааа! Као после море. Склопио сам брзо књигу, узео је у наручје: шшш-шшшш, шш-шшш... Када се умирила, ставио сам је у кревет и даље шшштајући.

Узео сам поново књигу, Пегаз, једнорог, кентаур, деловали су анђеоски у односу на остала чудовишта. Шта то Јеку престрављује из ноћи у ноћ, из сна у...

***

Враћао сам се из школе, опет је било досадно, али је барем краће трајало, поред штале сам зачуо очево стењање, радио је нешто тамо.

– Оче, да ти помогнем – стењање намах преста.

– Нека, сине, сам ћу. Отворио сам врата, поред Јулије је лежала преврнута хоклица, отац је у зноју чистио ђубре.

За ручком Јека је, шта би друго, запиткивала.

– Кад ће да дође мама и донесе ми још једног бату?

– Кад порастеш, Јеленче.

– А кад ћемо опет да имамо ждребе?

– Кад се Јулија ождреби – одговорио је отац пуних устију.

– А кад ће Јулија да се ождреби?
– Кад дође време.
– А ти, кад ћеш ти да се ождребиш?
– Ја нећу никад, ја и бата смо мушки, ми се не ждребимо.
– А кад ћу ја да се ождребим?
– Кад дође време, кад порастеш...
– Вама је све кад порастеш, и мама ће да дође кад порастем, а ја никако да порастем... – устала је и истрчала.

Морали смо да изведемо Јулију и цело поподне је разигравамо да би се умирила. Она ју је много волела. А и отац је уживао кад год би био с њом. Можда и више него с Миланком.

***

Примакли су се и дани кад Јулија треба да се ождреби. Да се види, како би говорио Митар, шта је Митров вранац опослио. Отац нас је учио шта да радимо ако се то деси за његова одсуства, којим случајем. Да га пронађемо, ако је у близини, ако не да отрчимо до Ђуричиног оца и кажемо му.

Био је у забрану кад је набрекла Јулија почела да рже и преплиће ногама. Стрчао сам доле до куће Ђуричиног оца кочећи рукама кроз ваздух. Ђуричина мајка је викнула:

– Ооо, Милетаааа, потеците овамо, Дамјанова се Јулија ждребиииии...

***

Јулија се беше примирила кад смо се вратили. Послали су ме да негде склоним Јеку.

– А је л' и мами било овако тешко кад је мене ждребила?

Вратио сам се брзо, сви су били у неком послу.

– Ех, благо Дамјану, што моја никако да закачи – рече Ђуричина мајка.

– Мен' се чини како држи реп да ће бит' мушко – говорила је Милетина жена. Јулија је сва у зноју дахтала напрежући се. Јека је у праву, колико ли се наша мајка намучила помислио сам кад угледах пар малих копита како ничу.

– Ајде, Јулија, ајде – бодриле су је комшије. На копита се наставише ножице облепљене некаквом слузи. Јулијино дисање се претварало у хроптање.

– Ајде, Јулија, ајде... Труп се с муком пробијао као кад мајка прави тулумбе, а онда остатак одједном испаде кроз Јулијин грч на сламу. Као кад тулумба склизне у врело уље.

У тај час бану отац. Сви су стајали неми, као на сахрани, гледајући у Јулијино чедо. Онда се поглед преместио на оца који се окрену и жустро оде ка трему. Комшије се разиђоше, као са сахране, а Јека дотрча и чучну поред мене.

– А што је тата везао каиш око врата а не око стомака?

– А други крај, где је везао други крај, Јеленче?

– За греду, тамо под тремом...

– Уаауаааа!!! – продрало се Јулијино чедо.

– А што Јулијино ждребе има ноге као Јулија а руке и главу као беба?

– То је наш брат, Јеко, наш брат...

УСПАВАНКА ЗА АВЕЉА

– Мама, мама!
– Ту сам, сине, ту сам... Је л' опет оне море?
– Јесте, мама...
– А зашто нећеш мами да кажеш шта сањаш?
– Зато што ми на капији кад се враћам овамо један чика пређе овако руком испред очију и ја се више ничега не сећам. У ствари, једном је то чика заборавио да уради.
– И...
– Па ипак не могу да ти кажем јер некако тако треба.
– Добро, ајде сад лези и лепо спавај, већ смо и малог бату пробудили...
– А како си ти родила бату?
– Тако што смо се тата и ја много много волели, и онда се родио бата.
– То је дивно, онда ћемо и ја и ти да имамо једног бату?
– Па, сад...
– А како си се ти родила?
– Мене су родили мама и тата.
– А њих.
– И њих су родили њихови мама и тата. Испричаћу ти једне ноћи праву причу о твом постанку...
– Ајде сад, молим те, ајде...
– Добро, али немој да заспиш пре краја као синоћ, важи?
– Важи.
– „Бејаше некада давно, толико давно да више нико и не памти, једна породица..."
– Како нико не памти а ти причаш...

— То се тако само каже, немој ме прекидати, иначе ћу ти причати причу о једној другој породици...

— Знам, Адамс, нећу ту причу, одвратна је...

— Дакле, „некада давно та породица, а у њој су били отац, мајка и два сина, живела је лепо и срећно иако у близини није било друге деце, чак ни људи, и не само у близини, није их било нигде. Синови су се играли сами или са животињама. Родитељи су морали много да раде те су ускоро и њих све више гонили на посао. Радили би тако од доручка па све док сунце не зађе за гору.

Дошло је време кад су синови стали пред оца и мајку и рекли им, у ствари, нису им рекли јер је то било толико давно да ни језик није постојао. Али њима то и није био проблем јер су се мислима и погледима разумели. Отац и мајка су разумели да је дошло време за одвајање, па су сутрадан сви поранили. Прво су направили брвнару за старијег сина а потом и за млађег. Старији је преузео управу над имањем, млађи над стоком. После неког времена уђе старији син у ложницу код..."

— А шта је то ложница?

— То је спаваћа соба... „уђе у родитељску спаваћу собу и затече мајку како се привија уз очево тело. Отац је одгурну и пређе у другу одају..."

— Шта је то... добро, добро, нећу више...

— „Старији син све је ређе виђао оца и мајку заједно, бејаше међу њима некакав невидљив, али непробојан зид.

Одмаче још неко време, синови се беху раскрупњали, старији је био налик оцу, млађи мајци.

Старији син, са котарицом плодова из свог врта прекривеном цвећем, крочи у мајчине одаје, али ње тамо не бејаше. Код смене дана и ноћи, поново дође да види је ли мајци пријала храна, али ње ни тад тамо не беше. Изиђе испред куће, судари се с поветарцем с југа. Оде до штале, тамо је мајка помагала брату да угони стоку.

Схватио је да су јели месо у пољу.

Сутрадан је опет дошао до мајчине собе и видео гозбу сирћетуша испод свелог цвећа. Некако је схватио да се ни поглед мајчин није задржао на том воћу, јер је врло добро знао да оно уме да сачува свежину и од честих погледа. А њен је поглед, неки чудан поглед, све чешће, ако не непрестано, обитавао на млађем брату.

И колико год суша или какав други кијамет летину половили, толико се брату стока близнила и цигљала као печурке. Колико год мајка за њега није хајала, толико од брата није избијала. Поче да расте нешто у његовим грудима, нешто од чемера саздано, што му раније не беше знано.

Једне вечери, касно, дође брат код њега да види шта то овај ради у недоба. И не би му сасвим јасна, као што се то раније дешавало, братовљева мисао да искива косу. Рој других мисли се на ову, као магла, спуштао. Врати се млађи брат својој брвнари омишљајући се шта ће старијем коса кад траве аман да и нема, леже у постељу и онај га звук откивања косе, више га не раздражујући, успава.

И тако је сваке ноћи, тим звуком, успављивао брат брата.

Све до једне тихе, устрептале ноћи, кад се отежали ваздух ваљао тромо око крошњи јабука и ораха гонећи лишће да брбља. Чуло се нервозно откивање косе а онда је и оно затихло. Мајка се трже из првог сна и, лако и обазриво као срна, приђе прозору. Њен старији син, са косом у руци с које је капала крв, прилазио јој је. Покри усне рукама, за тренутак се погледаше и она му отвори врата..."

Па, ти си заспао... опет си заспао...

LE BEAU EST
TOUJOURS BIZARRE

ДВА ПРСТА ИСПОД СРЦА

Врата су била одшкринута а из стана се чула вриска, као да женском чељадету деру кожу с леђа, кад се Шавез, после дужег избивања, вратио своме дому. Додирнувши их, сети се да су обијена непосредно пре његовог одласка. Али откуда њиска из дневне собе.

У ходнику је схватио да је у питању рокачина јер су се сада чули и уздаси и повици:

— Ах, ох, ууу... Није баш одмах одбацио помисао да се то неко већ уселио у његов стан мислећи да је, ето, баш толики баксуз.

Но, на фотељи је, онанишући, седео његов пријатељ Зујо и зурио у екран са кога се чуло:

— Ааааах... зо... шнел, шнел... фантастишен... Препао се кад га је угледао и промрмљао:

— Откуд ти?!

— Ја се стварно извињавам, мислим, нисам имао намеру никога да узнемиравам... и најскромније молим да ми се не узме за зло што ћу да приметим једну неважну, такорећи безначајну, просто ситницу — да се налазим у сопственом стану...

— ...Извини, одмах се враћам... рекао је Зујо и отишао у купатило, при повратку пружио је десну руку да се поздрави, али је одустао после Шавезовог презривог погледа према њој.

— Било је откључано...

— А ти нашо па зашо...

— Шта сам мого, долазим данима овамо, тебе нема, све мислим изашао си на кратко, синоћ сам и неке камењарке привео, тебе није било, па сам морао обе...

– А је л ти тешко пало...
– Па не, стварно, није да није, мислим...
Зашто је судбина тако хтела, мислио је Шавез и присећао се првих година мучног школовања кад је Зујо преписивао од њега и добијао петице а он, марљив, тројке. Која то звезда горе одлучује да се он роди као копиле а затим и сироче а други неко, као на пример овај Зујо, не.
– Нису те ваљда војни пандури...
– Не и да. Нису војни, али пандури јесу.
– Па што си им отворио, мислим, ти не отвараш...
– Па отворили су сами, звекане, видео си ваљда...
– Да, мислим да, али како се све то...
– Прво су ме навукли с рибом која је позвонила и замало да се примим, али нисам се дао, мислим, што би сад нека добра риба висила на мојим вратима. Није никад па што би сад. И стојим тако, зверам кроз шпијунку, она лежи на звону, и само у једном часу она даје знак некоме кога ја не видим, и очас гориле пајсером растурише врата а ја стојим онако у чуду са опушком у уснама...
– Па, чекај, како су провалили...
– Па, пајсером, је л чујеш шта ти све време причам...
– Ма не, мислим, како су провалили да си ту, мислим.
– Та, инспекторка, шта ли је, непушач...
– Мислиш, није ти попушила...
– ...
– Добро, шалим се...
– ...Осетила дим иза врата и рекла горилама да разваљују. Одвели ме. Јутрос пустили.
Испили су наискап по конзерву пива.
– Е, нисам знао да волиш порниће, јебо те...
– И не волим их...
– А шта је ово? Стигло пре неки дан. Доно поштар. Ја потписо, шта ћу... Само стар порнић, има

дваес година како је сниман, пре него што смо се ти и ја родили... видео сам у углу слике датум... И камера је чудна, статична бре много. А ја волим више естетске, знаш... Ал добра риба – брадо бари, само јој се никако лице не види, јебеш јој матер.

– Одакле је стигло...
– Из Германије, је...
– Имаш траву?
– Е, кад је маестро био без ветра, је...
– Пре него су ме одвели, знаш, ја попушио џоинт и све време се смејао. Прво су мислили да се фолирам, после да сам луд...
– Колко си био тамо...
– Месец дана... Дај мени, никад не смоташ како треба.
– А, мислим, овај, што су те, у ствари, водили, мислим цивилни...
– Ма пусти, није то због позива... Слали ми сваке две недеље неке депеше, ја све то бацао, нисам ни гледао... Сећаш се оне бесне журке прошле године...
– Оно кад си се вешао о лустер.
– Нееее... оне кад смо се напили ко мајке, кад си се свађао са огледалом...
– ...а ти играо српски рулет...
– Да, те. Е па после, пошто сам одвезао Марију, згазио сам оног грбавца, што је месец дана лежао у коми, сећаш се...
– Знам, онај што му се после коме испеглала грба и што хтео да те усини.
– Јесте, али гонио ме јавни тужилац. Све док ме није утеро у бајбок.
– Х-х-х-х...
– Шта ти је, јеси одлепио...
– Х-х-х-х... сетио сам се... х-х-х... да смо те у школи звали Саво Малер... а после и Милер, био си бре много плав, ко Немци у партизанским филмовима... и оно кад си у вецеу прао киту а чистачица мислила да дркаш па те пријавила дирек-

тору... х-х-х-х... а је ли... мислим, је л истина што се прича...
– Шта! се прича...
– Па, мислим, оно, јесу те клали тамо у буљу...

***

– Војни позив! отварај бре! Ајде, склањај фотеље, плакаре, фрижидере са врата! Диж се војско! Ооостав!
– Који ти је, мајмуне, шта се дереш?! Шавез га је, склањајући ствари, пропустио да уђе.
– Знаш, размишљао сам, и није баш добра идеја ово са лозинком, шта ако ти дођу и стварно кажу – војни позив.
Гађали су празним лименкама корпу са отпацима.
Зујо је водио 6:2.
– Знаш, све никако да те питам, а страшно ме занима. Твоја мутер, чиме се, у ствари, бавила – питао је победник. Шавез је оћутао а онда гледајући у страну проговорио:
– Не знам. Никад ми ништа није причала, никад мушкарце доводила.
– Седам – два!
– Чуо сам, после, да се бавила шпијунажом, и да је била добра у томе.
– А како је, мислим, нестала?
– Ни то не знам. Изгледа да је радила за више страна. Знам да је добијала најтеже послове... Једном је, ваљда, добила и прострелни метак, пар милиметара испод срца...
– Осам – два! Е, срећан ти бре рођендан...

***

Није приметио да на телевизору већ сатима пада снег, ни како је Зујо отишао, обично кад је пијан излази кроз прозор, па ни кад је заспао, али се из сна сећа војне вежбе, гестаповских лица светле косе, себе у SMB лудачкој кошуљи како виче – ово је моја униформа – покушавајући да покаже прстом на мозак.

Још увек пијан, недовољно поспан, није знао шта да ради, спустио је руку да се ослони, али је она притиснула дугме на даљинском и то га је вратило у пређашњи положај. На екрану је угледао похотног Немца како насрће и уздише. Њено лице се није видело и било је јасно да је снематељ управо то желео. И баш због тога узбудио се и почео да онанише. Светлокоси Немац, зачудо, имао је младеж на истоветном месту где и он – испод ребара с леве стране, чак су били истог облика, само је његов био нешто већи.

Сво троје су у једном моменту заједно били у истом стању, а онда је Шавез могао да види нешто необично – мушкарца у другом плану како устаје и облачи официрску униформу и бринету која улази у кадар средином тела на којем је ожиљак, два прста испод срца.

ЗАПИСИ ИЗ ЗЕМЉЕ

Мени овде није место. Не трпим затворен простор. Посебно не простор без погледа. Овде чак нема ни прозора...

Повикао сам, хоћу да идем одавде. Била је ваљда позна ноћ, не знам ни доба дана. Не спавам, посебно не откад сам овде.

Нисам добио одговор. Само је светло зачкиљило.

Навикао сам да будем сам, али чудна је ово самоћа. Шта радим овде?

У суштини, седим на овом тврдом лежају, с рукама на ивици, с ногама које ландарају, размишљам. Размишљам, али ништа да смислим. Сећам се...

Сетим се да су ме одвукли из кревета, прошло је било подне, а они раде, раде од раног јутра, воде тако људе из кревета, подижу их с невести, небријане, неопраних зуба, крмељиве, с јутарњом ерекцијом, без јутарње кафе. Одводе их брзо, ефикасно, без много приче, у јакнама од коже невиних бикова, с тамним наочарима, с ревношћу равном оној из времена Савеза. Одводе их у пиџамама (у којима се може наћи и покоја бележница са парчетом оловке), кроз шпалир збланутог комшилука, брзом вожњом, као да запошљавају бивше таксисте или рели-возаче, стижу до оронуле зграде са кич фасадом и убацују у овакве просторије, стављају на овакве тврде лежајеве и пуштају да ломе главу у потрази за кривицом. Али не било којом кривицом. Оном која њима треба.

А ко нема кривицу?

Ко нема кривицу? – питао је и Исус једном давном, каменитом згодом.

***

Записи из земље.

Тако сам именовао ово што већ данима и ноћима пишем. Чим изађем одавде напустићу земљу, и нека се овај документ у настајању зове *Записи из земље*. Можда их, тамо, кад пређем границу, и објавим. Уколико ми их не одузму, наравно, на тој истој граници.

Битно је прећи границу.

Данас (или ноћас, сасвим је свеједно) удостојили су ме посетом. Био је, у ствари, само један од њих, а и он ни на шта није личио – доземак, небријан, са брчићима, подригивао је на саламу – и обратио ми се, ево, овако:

– Тица је коначно слетела у кавез, а? Ћутао сам.

– Добро – лупио је руком о сто – шмрк (и шмркао је, такође) мало ћемо да промислимо па онда да певамо, шмрк. Певање захтева размишљање. Ћутао сам. На вратима се окренуо прешавши погледом по просторији:

– Иначе, у комфору не оскудевамо, је л тако?

Ћутао сам, јеби га. Како је отишао, тек онда сам стварно стао да размишљам о кривици.

У омишљању отишао сам до врата која отварам, затичем знојаве и ускомешане родитеље и кажем да више не желим да одлазим недељом у кревет тако рано јер хоћу да гледам филмове са Мерилин Монро.

Сетим се, онда, кад сам, у раном детињству, добио прве батине јер сам омашио спрат, ушао у стан испод нашег, обавио нужду у wc-у а онда забезекнутом комшији рекао: шта је, шта бленеш, бриши гузу.

Али какве су то кривице? Ишчилеле, избледеле.

***

Тргоше ме звуци с ходника.

– Гинеш док други јебу за тебе – викао је чувар а онда застао збуњен, па поновио:

– Јебеш се док други гину за тебе!

У суседну ћелију, од које су ме делиле само решетке, дошла је млада нафракана Циганка. Кад смо остали сами:

– Бато, оћеш да ти сестра попуши, учинићу ти цену, нисам ја блесава, знам шта су специјалне уколности – видела је моје збланyто лице – да ти каже нешто сестра, бато. Ја сум професионалка, радим све, и оно што немож да замислиш, у свако доба дана, на свако место, ако ти га ја попушим има да полетиш ушима и да лупаш о плафон, кад ти каже сестра, само ја би рекла да с ти од неке друге феле, сестра би рекла да волиш само да гледаш, оћеш да даш банку да се сестра скине, да ти покаже шта има, а? – кад је видела да сам у пицами – ел имаш ти уопште паре, бре?

Ујутро су дошли по њу, гурну ми визит-карту кроз решетке:

– Немој да заборавиш, ја сум професионалка, чиста сум и педатна, с обзиром на обзир – све долази у обзир, нема везе што је рат, радим ко дракстор, ноп-стоп...

***

Задубљено посматрање стропа прекиде нова врева и галама чувара:

– Како вас није срамота! Коцкате се док други гину за вас! Стоко неваспитана! Све би ја вас у апс!

– Па већ смо у апсу – рече један од коцкара.

– Кушуј! Улази и да вас не чујем више, ел јасно!? Била су четворица. Тројица су одмах поседали, однекуд извадили скривени шпил и започели преферанс. Четврти је пришао мени.

– Ви не играте – упитао сам да бих започео разговор.

– Никад. Ја сам кибицер.

– Зашто су вас онда привели?

– Шта зна пандур шта је преферанс. Бије палицом и хапси – то му је посо.

Онда смо слушали причу картароша:

– Гледам каква је подела у прошлој руци и сетим се једног типа – какву је срећу тај имао. Није знао да се ја и онај трећи знамо и да му намештамо, гледали смо у карте један другом, правили му ступице, ма ништа није вредело. Ојадио нас је обојицу. А ми кобајаги хтели да се талимо. Такву срећу у животу нигде нисам видео!

– Знам типа. Дваес и осам-девет година. Има једну белу обрву...

– Јесте, тај је...

– Погинуо је прошле године. Пишао у бару.

– Па шта ако је пишо у бару?

– У њу је пала жица с бандере.

– Јебеш му матер. Ал у картама је имо среће.

– Видиш оног што ћути – наставио је мој саговорник – то ти је Ћоро, чувени Ћоро, тај ти живи од преферанса. Неки кажу да га је он и измислио, ал ја не верујем. Једном сам гледо како је са једним и по штихом дао контру. И ваљала је. Због карата оног трећег. Да не поверујеш. Сигурно си чуо за ону: кад ти неко да контру врати реконтру – чисто да га збуниш и пометеш. То је он реко.

– Врло едукативно – рекох.

– Молим?

– Ништа, ништа.

Пређосмо да кибицујемо.

***

И таман кад сам се привикао на нову самоћу, ето га мој иследник:

– Одмарамо, а? Фино, фино. И, шта рекосмо. Шмрк! Јесмо ли у датом термину назначеног датума били у дотичним просторијама?

– Нисмо, био сам сâм...

– А, тако значи, певамо.

– А и нисам био у просторијама, него изван њих...

– Па, наравно, наравно, јер си виђен од стране очевидаца... шмрк... поставио сâм ја човека чим

сам добио осму пријаву... како се шуњаш око борова...
— ...јела...
— ...јела, шмрк, и реко сам јела... па нећеш ваљда ти мене да исправљаш. Па знаш ли ти да ја све знам, само, само желим да имам саговорника, да чујем од тебе оно што већ знам. То је мој посао, разумеш?
— Разумем.
— Е, сад је много боље. Видиш шта значи разумевање међу људима — велика ствар. Ја разумем тебе — ти разумеш мене. И нормално је да се разумемо, шмрк, кад знамо исто, је л тако? — нагло устаде, подиже каишем панталоне — доста за данас — битно је да градимо однос разумевања, је л тако?

***

Извештај долепотписаног о послу на задату тему који је горепоменути обавио

Одма да вам напоменем да сам ви на време реко да извештаје никад нисам писо и да се много боље сналазим у разговорној комуникацији због чега ме ваљда и још држите. Да пређем на ствар. Одма чим сам добио задатак сео сам да размишљам како и на који начин да дођем до субјекта. Пошто сам решење лако нашо, само с многобројне финансијске тешкоће јер сам моро да плаћам пиће. И мене и другима. И ондак кад сам стиго до субјекта одма сам прешо на обрађивање истог. Онако изокола сазно сам да се много прави блесав. А зашто се много прави блесав? Под један каже да појма нема зашто је ухапшен под два све се кобајаги занима за преферанс те зашто је сад бацио овај ову карту те зашто је онај секо адутом те шта је то мортконтра. Под три на моје изоколно питање је л чуо да му је такорећи прва комшиница мртва направио је згрануто и разочарано лице и реко па зашто кад је здрава млада и лепа. Здрава, млада, лепа и мртва поновио сам ја а он је онако значајно ћутао. Ето ја толико.

Ал ако би се ја нешто пито ја га не би ни пушто оданде ти су ви најгори – убице-интелектуалци-наочарци.

***

Извештај начелнику службе крвних деликата

Ухапшени је одмах по увиђају приведен у истражни затвор. Није пружао никакав отпор, мада је било сумљиво што је у пиџами а није сањив. У стану је пронађен 1 двоглед великог домета, 1 дурбин велике снаге и неколико голишавих фотографија комшиница које је ухапшени сам направио, што, наравно, само говори о унапред припреманом злочину. Овде је место да напоменем да ми је било изразито непријатно док сам узимао изјаве горе наведеним комшиницама јер сам их пре тога гледао на фотографијама. Ал посо је посо. Тежак је ал ја га волим. Човек лако нађе статисфакцију кад оће.

Дакле, оне су све изјавиле да га не познају, чакштавише, да га нису ни примећивале раније. Оптужени, тј. ухапшени се, кажем, понашао врло мирно, чак могло би се рећи и незаинтересовано, тако да сам у први мах помислио да је дрогераш. Онда сам консултово литературу и сад би реко, сасвим одговорно, да се ради о серијском убици. Зашто је ово усамљени случај ја не знам, сигурно да их је било још, али није ми дозвољено да у истражном поступку применим и неке друге технике које проверено доводе до признања, уосталом, и свака серија има свој почетак, можда је ово било прво убиство у низу ал смо му доакали, јелтако. Кад смо код серија да вам кажем да је моја маленкост започела један сценарио за детективску серију на бази мојих нерасветљених случајева са којим сам врло задовољан. Све је врло реално, једино имам проблем што ти случајеви остају до краја нерасветљени па не знам како ће публикум примити тај нови приступ.

Елем, да се вратим на наш случај: по моме суду, ухапшени је инкриминисане ноћи, пошто је, цело време посматран од стране нашег човека, виђен да се смуца око жртвине куће, под плаштем ноћи и бомби, упао у кућу кроз отворен прозор, обавио криминални чин и побегао у свој брлог правећи се да се ништа није десило.

Доказ: фотографија комшинице, тј. жртве, коју је одраније направио.

Мотив: серијски је убица, њима не требају посебни мотиви. Исто би завршиле и друге (добродржеће, ако смем да приметим) комшинице.

На крају да напоменем и следећу, дефакто, чињеницу. Оптужени је покушао у току истражног поступка и да ме обмане. У датом моменту, при самом крају истраге, тражио је папир да би написао признање. То назови признање односило се на његово воајерство, како он назива потребу да вири кроз туђе прозоре, и „нередовну и сумњиву ситуацију у стану жртве", али без иједне речи о криминалним актима обављеним над жртвом и жртвиним псом, тако да сам га, сматрајући признање излишним, уништио.

На самом крају да напоменем да сматрам да је у истрази прикупљено довољно доказа да се осуђени, тј. ухапшени метне на електричну столицу јер како другачије осудити некога за силовање и убиство једне девојке и једног пса (женског).

АЛЕЈА СПЛИНА

– Слободно?
– Да, да, свакако...
– ...
– Бојим се да ћемо морати да пређемо за шанк или, још боље, за неки сто где већ има неког. Људи су безобзирни, могао би неко да седне на нас. Ако смем, којим поводом? – отпио је преостали гутљај из шољице, која се ту затекла, чим су прешли за други сто и сели, без питања.
– Требало је да се овде сретнем с вереником...
– И, онда...
– Несрећа – окренула је главу да би се видела дубока бразготина.
– Сажаљевам, сажаљевам...
– Ви?
– Молим?
– А ви?
– Ах, ја... да. Сета, обична сета за прошлим. У ствари, никако да ме прође жеља за дуваном. И кафом, јаком кафом – окрену се и на згражавање суседа отпи из његове шољице. Све до данцета – просто, не могу да одолим. Последњих сам година баталио и једно и друго, а сад, ето, не могу. Ни без једног, ни без другог.
– ...
– Лепи сте... и са тим... са тим још и лепши. Даје вам неки ореол патње, тако некако.
– Хвала...
Ћутали су гледајући једно друго наизменично. Све док њихов припити сусед није креснуо упаљач и прекинуо чаролију. А онда је он доживео чаро-

лију кад је тек припаљена цигарета изгорела у даху. Пепео се срунио на коцкасти црвени чаршав.
– Ах, не...
– Шта се десило?
– Ох, он... управо је ушао... Окренуо се и погледао док је она обарала трептави поглед у земљу.
– Први или други?
– Молим?
– Први или други од двојице младића који су ушли?
– Ах, први... онај са локнастим зулуфима.
– Госпођице, немате разлога за жаљење...
– Зашто, познајете га?
– Да – скинуо је муњевито са конобаровог плаћања шољицу с кафом, сасуо је и вратио назад – да, одлично га познајем и тврдим вам да треба да жалите за њим колико и за лањским снегом. Ех, ето како се отме човеку. Лањски снег...
– Лежање у августовској трави...
– Кубанка у ноздрвама...
– Неочекивани оргазам...
– Мирис роштиља са свешћу о пиву у фрижидеру...
– Широки гутљаји млека из шерпе...
– Ах...
– Ех... – чуо се глас певачице која се није видела, тако да је можда долазио и са радија: *Цвета трешња у мом врту... пролеће се на пут спрема...*
– Причајте ми о њему, молим вас.
– Госпођице, али упозорио сам вас...
– Свеједно, сад је ионако свеједно...
– Добро, како хоћете. Ваш вереник вас је варао, госпођице...
– Али, како ви то можете да знате?!
– Знам, поуздано знам. Варао вас је са мном... – устаде, узе из пепељаре са суседног стола недовршену цигарету, повуче велики дим и угаси је у пепељари на њиховом столу, уз неверицу суседа који је одједном видео два опушка уместо једног –

и то није све. И вас и мене варао је управо с младићем који је ушао с њим. Ја то више нисам могао да трпим и зато сам урадио то што сам урадио.

– ...
– Те његове локне које сте поменули малопре. Ах, драга моја, оне су ме излуђивале једанаест година...
– Али, како је могуће, па он има само двадесет и пет...
– Лако је могуће, госпођице. Предавао сам му у школи...
– Ах... Ох...
– Јесте, лепо сте описали тих мојих једанаест година.
– Мислим да би... рано је... да би требало да пођемо...
– Да, свакако, само да нешто обавим... – узео је са једног стола чашицу и искапио је, као неко после три месеца проведена у пустињи, са другог тек запаљену цигарету.

...све је исто у мом крају, само мене више нема...
Прешли су широку улицу, прошли кроз масивну капију.
– Ја сам у овој улици бочно, под оним платаном, али отпратићу вас.
– Има нешто што вам нисам рекла. А ни њему. Ја то називам зарађивањем за живот. Наш народ би простије рекао: курва. Чак сам покушала и у порно-индустрији, велике су паре тамо, знате. Али није ми ишло, некако нисам умела да се претварам. Дали су ми само да обрађујем оне који излазе пред камеру у ерекцији. А он ми је био улазница за нов живот... И онда... Онда су ме покупила та кола... А ви?
– Молим?
– Мислим ви? Како сте доспели овде?
– Мммм-да. Грешком. Или с намером, како се узме. Најтачније би било: с намерном грешком.

Разочаран његовим неверствима, одлучио сам да прекинем с тим. Али да живим без њега нисам могао. И онда, да бих га фасцинирао, евентуално – ставио у положај осумњиченог, смислио сам то са комадом леда. Окачио сам га испод таванице, легао леђима на под а направио механизам да ми, при првом покрету, лед растури утробу.

Кад се отопи не би се знао узрок смрти, тако сам хтео да се мало поиграм са иследницима.

Међутим, док сам лежао на поду гледајући ту громаду над собом, предомислим се. У ствари, сетим се да је лед ипак вода, а ја, иначе, имам фобију од воде. У тај час чуо се телефон, помислим он је, кренем и – шта је било после, знате.

– Да... ево, стигли смо. Ја сам овде, на периферији. До Задушница не могу вас понудити ни кафом, ни цигаретама, али ако желите, свратите...

– Надам се да знате шта позив странца у ово доба значи?

КАЛ

Повраћати, у ствари, није нимало шкодљиво. Напротив – пожељно је. У суштини, то је клистирање, само на другу страну. Организам чисти отровне материје, киселине, сувишна храна се избацује, једном речи – све је то природа уредила како треба – размишљао сам гласно подригујући и избацујући остатке, читаве комаде непроварених живежних намирница – лук, парадајз, ћевапи, све се то сливало низа зид ограде на снег.

Ждерите, само ви ждерите и не срамите се, за добре псе нема лоших помија, мислио сам о својим раним јутарњим пријатељима, уличним џукелама.

– Ништа није бољи од њих...

– Ију, стрррашно, стрррашно...

Гони се на своје радне задатке, жгадијо марвена, ђубре пролетерско, стубови друштва... мислио сам да изговарам, али сам, у ствари, само кркљао и даље избацујући доручак псима.

Тетурајући се, па и котрљајући, ближио сам се слатком дому. Тако сам мислио а, у ствари, нашао сам се у неком ама баш непознатом крају. Иако ми је било свеједно – изгубити се у сопственом граду или свемиру, каква је разлика? – осетио сам нелагодност. Премда се изгубљено осећам већ дуже време, ипак није лако доживети то и физички.

Освртао сам се сумануто тамо и овамо, чак и горе-доле, тражећи неки пут, не баш неки, него – прави, који ће ме коначно одвести до стана, у ствари сутерена у којем сам становао. Или је то био претходни стан?

Промицао је наивни бели снег и претварао се у каљугу, ја сам и даље тетурао ђа лево, ђа десно и

– угледао је. Стајала је на ивици тог парка-острва, скакутала с ноге на ногу, с једном краћом ногавицом. Иако је раздаљина била велика, видео сам јасно њено блиставо лице. Тамнопуто, додуше, али сијало је неким нестварним сјајем.

А онда – прекид. Ударио сам о дрво, ухватио се рукама за њега и клизнуо до земље.

***

На послу сам имао само један случај. Свукао га, пустио јак млаз, посуо детерцентом. „Електрични" је, тако зовем ове са столице, смрдео као и његови претходници. Уговнао се и умокрио вероватно чим су га устоличили.

Спочетка, тешко ми је падао тај смрад, додиривање мртве телесине, померање непокретних, отромбољених удова и трупа. Све је ствар навике, рекао ми је кадровик и потапшао по рамену. То вам је, знате, као са новом четкицом за зубе, кад се на њу навикнете стара вам више не изгледа као некад. Јесте ли радили негде раније?

– Био сам, једно време, чувар на градском гробљу...

– Тим боље, лакше ћете се привићи...

Прећутао сам да се мој посао сводио на одбијање паса и Цигана од хране, цвећа и нагорелих свећа, помагање сенилним удовицама у тражењу парцела својих супружника... Ноћу бих, опет, растеривао залутале духове и бескућнике из капела и гробница. Или су то била само привиђења.

Час пре тога, питао сам какве је врсте посао који треба да радим. Необичан, али сигуран сам да ће вам се свидети. Стигао сам са закашњењем, ушао и кренуо са извињењем. Човек у сивом оделу ме предусретљиво прекиде, наручи кафу и поче да прича о фудбалској утакмици.

Нисам баш најбоље разумео зашто није играо најбољи играч и зашто су судији ископали око. Па ни то какве је, у ствари, врсте посао који треба да радим.

Но, нестварно је велика моћ навике.

***

Одлазио сам у паркић данима, распитивао се о пунктовима уличних продаваца цигарета, није вредело. Лутао сам циганмалама не бих ли уловио тај блистав лик, завиривао у прљаве уџерице са слабим светлом, вукао се кроз блато и гомиле старудије. Наједном, нашао сам се на депонији, планини ђубрета. Ничега другог, на све стране само ђубре. Ђубре и несносан смрад. Чинило ми се, ако дишем кратким удисајима, мање ће се осећати. Трчао сам на једну, другу, ову, ону страну, пси су ме зачуђено пратили подигнутих репова, а онда – туп! – као у некој јевтиној комедији, ударио сам у грабуљу, вероватно, и, попут свеће, заједно с њом се приземљио. Свакако је ближе истини – приђубрио.

Кад се побегуља-свест вратила, нова агонија је сменила претходну. Цигани су ме, ваљда, пронашли, донели и, свадбарски расположени, опијали, гонили да играм с њима. Не може се рећи да се стање у којем сам се налазио превише разликовало од свакидашњег, али ме је, и поред тога, растројавало, бркало мисли.

Толико Цигана а моје Циганчице нигде – ту и тамо, блеснула би понека хотимична мисао.

***

Не може се баш рећи да је Штаћештаћеш мој колега на послу. И, уопште, какав је то мој посао. Штаћештаћеш је просто човек, мада и то с напором тврдим, који са мном дели радни простор. Неке чудне националности – јерменске, цинцарске или шиптарске – са умекшаним и без неколико гласова речником који се углавном своди на шест речи: шта ћеш, шта ћеш, мора се. Притом слежући непрестано раменима, безубо се церећи, необријан, са малим брчићима, Штаћештаћеш као да читав живот подиже ситним раменима.

У затворској капели је од самог оснивања, чак и пре. Као зидарски помоћник радио је на изградњи затвора, кад се фирма распала, задржали су га да ради свакакве послове. Тако је Штаћештаћеш градио сопствени затвор за цео живот.

Данас је Штаћештаћеш имао посету. Ту, још девојчицу, виђао сам често касно ноћу, на улици. Можда сам, који пут, и провео ноћ поред ње, ко би знао. Штаћештаћеш је нежан с њом, ако се тако нешто може рећи, јер готово и да не проговарају. По слегању рамена, претпостављам шта јој говори док му она тихо прича о нечему.

Свега сам се нагледао, али ово чудо нисам видео. Нису ми стране готово све настраности овог света, али како поверовати у нешто тако очигледно: матори, ситни, необријани, неписмени, радник затворске капеле, Штаћештаћеш, блудничи с уличарком која је притом још који дан дете. Не само да ми се није учинио ближим човек који са мном, осим радног места, дели и развратне склоности, већ ми се учинио љигавим до те мере да сам се, а шта бих друго, исповрaћао трчећи до купатила. Оног за лешеве јер је било ближе.

И таман кад сам завршио, свест, ваљда прочишћена, по први пут ми је донела једну мисао: ја сам наследник Штаћештаћеша. Примили су ме на посао јер се нико други није јавио и јер је Штаћештаћеш стар, спор и све мање употребљив. Ја ћу заузети његово место у затворској капели а, вероватно, и у животу. А онда је вулкан изнова прорадио...

***

Кад ме, овако неспокојног, обрва летаргија, ништа ми друго не остаје до да опуштено легнем на кревет и препустим се плими сплина. И, док неон блеска упорно ритмично, осећам како сам толико опуштен да, сасвим лагано, клизим низ прекривач и отичем, отичем...

У једном тренутку, затим, схватам да сам у већем затвору него затвореник којег сам тога дана видео у ћелији. Била је то звер, не разјарена и сумануга, већ преплашена, безизлазна, с очима разрогаченим, воденим.

Сутрадан, Штаћештаћеш је, као и сваког дана, стигао пре мене на посао. Нисам успео да одолим па сам му сасуо, крајње лицемерно:

– Шта је, мрсомуде, волиш пилиће... како те није срамота, видиш да је још дете... па ти није доста, него је и овде доводиш, перверзњаку, блудниче, монструме... – док се он имбецилно церио, пушећи „дрину" без филтера, слежући непрестано раменима и понављајући шта ћеш, шта ћеш, мора се...

***

Време је капало као мартовски снег са црепова, Циганчица се појављивала само у сновима. Прилазио бих јој, стајао немо а затим куповао кутију с цигаретама, иако не пушим. И чим бих пожелео да јој нешто кажем, или да јој додирнем праменове косе, сан би нестајао. Почео сам да сумњам у њено постојање.

Већ одавно сумњам у своје.

***

Није било свануло кад ме управник позвао на разговор. Сипао је неко пиће које је хранило звер у стомаку.

– Све ти је ово куропаћење – почео је резигнирано, отпијајући велике гутљаје – пошаљу их овде, они што претекну, одавде оду још гори. А мало их претекне. Уосталом, ти то најбоље знаш. И шта ја ту могу. Осуде их на смрт а овамо шаљу депеше: превелика вам је стопа смртности! Па шта хоће они од мене, ајде!

Занимљиво је како му се ћела сјаји ма у ком се положају нашао – помислио сам док је скакутао испред мене лево-десно.

– Мислиш да је мени лако? На свакој егзекуцији ја сам у комисији. Мислиш да је лако то, а? Ноћима сањам како ме стављају на ону столицу и наређују да сам притиснем дугме... и сви они што смо их побили пролазе и говоре: притисни, притисни то дугме, време је...

Непрестано је доливао пиће и говорио:

– Радници се жале да се духови погубљених појављују. Није ни чудо, толико је њих одавде кренуло, логично је да се неко и загуби.

И, шта, у чему је разлика између мене и тебе и ових у ћелијама?! Па они већу слободу имају. Ми морамо обавезе да регулишемо, кућа, породица, деца на факултету, а о чему они мисле, ни о чему. Е пријатељу мој, ми смо у затвору, не они... само наш затвор почиње од три на капији...

Пошљемали смо то необично пиће, он се завалио у фотељу, ћела се блистала потпомогнута сјајем опијених усана. И тај сјај ме подсети на моју Циганчицу. У ствари, све време сам мислио на њу. Све време овог света које ми је преостало мислио сам на њу.

Није ни приметио кад сам устао и, тетурајући се и придржавајући зидове и биљке, кренуо ка вратима. Али врата је у просторији било превише, а како је вулкан прокључао, није било времена ни интелигенције да се досетим тапацирунга, па сам се, отворивши прва, избљувао по плакару.

Изишао сам раније с образложењем: главобоља, а, у ствари, имао сам, сем ње, и мучнину, вртоглавицу, несаницу...

На путу до куће, опет сам се изгубио. Преко недеље је направљен читав блок зграда те сам, с тешком муком, успевао да се оријентишем.

Успут сам, нехотице, чуо разговор радника док посматрају нову зграду:

– Сви ми тежимо савршенству...

За то време стајали су у блату до колена.

***

Дани су промицали, сестре – несаница и главобоља – стасавале су. Све чешће привиђале су ми се ствари, звуци фруле, сиринкса, звона некаквих. Више нисам знао за сан, само понекад, блудећи улицама, седећи на клупама паркова, десио би се покоји прекид свести. Снатрење, дремеж или шта већ? И у тим тренуцима бих видео њу – моју Циганчицу. Одједном, тако, нашао сам се међу неким људима, сударао се са њима и зачуо мелодичан глас:

– Во јево голаве туман.

Била је то група руских туриста, после сам схватио.

***

Штаћештаћешу девојчица све чешће долази. Јутрос му је донела ручак.

Назире ли се крај моме паду?

Како објаснити Штаћештаћешу дубину заблуде у којој сам био? Пришао сам му, она је стајала са стране, наивна и невина, са крилима, и муцао:

– ...Ја... нисам знао... ја... – а он је промрмљао:

– Шта ћеш, шта ћеш, мора се...

Од тога дана не пребацујем на Штаћештаћешова леђа прљаве и тешке послове, верујем да он то и не примећује, али мени је лакше. Уопште, некако га осећам приснијим, у ствари, помирио сам се с тим да немам никог ближег.

– Онда, одох ја, тата...

***

И месеци су прошли. Ако прођу и године шта ће бити од моје Циганчице. Постаће Циганка, силоваће је неко од рођака, бедра ће се претворити у машину за прављење деце, сјај из очију ће потамнети, нећу је ни препознати – размишљао сам седећи на последњој, тврдој трамвајској столици. У предњем делу публику је забављала Циганка с дететом огромне умотане главе. Иако је било касно, они су се враћали из болнице. Необављена посла. Несташна девојчица, играјући се у кухињи, навукла је лонац на главу. У једном смеру тешко, у другом никако. Мајка ју је одвела код лекара а лекар упутио на лимара. Циганка је, обезглављена, не знајући више шта да ради, тражила упут за лимара, написмено.

То главато чудовиште са завојима била је она.

Изашао сам за њима док је Циганка и даље богорадила. Девојчица је палила парчиће вате и вртела их руком око себе. Пламен је осветљавао њено лице.

***

Сутрадан, обукао сам једино одело, украо на послу фасциклу и отишао у уџерицу. Нисам могао да позвоним јер није било звона, а ни да покуцам јер није било врата. На прагу, којег није било, џукела ме шчепа за ногавицу и поцепа је. Изађе Циганка с бебом на сиси, отера пса и рече:

– Кују си бре, ти?!

Представио сам се као социјални радник на шта је она одмах затражила паре. Рекао сам да нисам зато дошао, већ због девојчице.

– Које девојчице?!

– Ваше...

– Имам и ја шес, да си жив и здрав...

Рекао сам да тренутно немам њено име, али да се ради о оној која продаје цигарете на улици.

– А, Мерилин – изговорила је оно „Мери-лин" секући га.

– Она, знате, мора да иде у школу...

– Ма каква те школа снашла, неће она д иде у школу... и ко да је школује... бараба је то... због њу не могу ручак да скувам, набила лонац на главу... Мери лин! долази увамо... да види господин шта си урадела... јел видиш? овакву не могу ни на улицу да је дам, нико неће цигари да купи кад је види...

– Побринућу се ја за то, него, ми можемо да јој нађемо неки послић, станове да чисти и тако то...
– Ма, може што не може, води је, ево ти и упут имам, све имам...
– Мерилин, је л' се тако зовеш...
– Ма, то јој онај мој будак дао име Марлена а мени лакше увако, Мери лин...
– Мерилин, оћеш да пођеш са мном... да ти чика скине то... са главе...

***

Успут сам свратио по флашу неког алкохола, нисам имао новац, па сам је украо. Толико сам се гадио самог себе да сам се опио и отупео чула.
Увече сам, ипак, отишао по њу.
– Кад си се последњи пут окупала? – питао сам је.
Није знала да одговори. Напунио сам каду, и свукао је. Радовала се, ронила. Трљао сам јој главу на којој је још истог дана стајао лонац, расплитао бичеве замршене косе, рибао једро тело. Вода којом ме је прскала мешала се с мојим сузама.
Рекао сам јој из ког плакара да узме пешкир и остао још који тренутак на шољи, сам.
Стајала је, у мојој мајици, осмехнута, и питала да ли и ја продајем цигаре кад их толико имам, у плакару. Отишао сам по чешаљ и очешљао је. Бич по бич.

***

Следећег дана, стигао сам пре Штаћештаћеша на посао. Неко време смо ћутали а онда сам му рекао:
– Као да сам у живом блату, Штаћештаћеш... Горе је ваздух, доле нема дна... шта да радим... да се убијем... или... да се не убијем... кажи ми...
Слегнуо је раменима и казао:
– Шта ћеш, шта ћеш, мора се...

О АУТОРУ

Дејан Вукићевић је рођен 2. јуна 1965. године у Краљеву. Дипломирао на Катедри за општу књижевност и теорију књижевности. Ради у Народној библиотеци Србије.

Објавио књигу прича *Короша* (Народна књига, 1998).

САДРЖАЈ

ОПСЕСИЈЕ

Circulus vitae 9
Ладан 12
Мртва душа 21
Tractatus mosquitos 28

МИТОПЕЈЕ

Човек са кружног трга 37
Арг са Огигије 43
Кентаур 50
Успаванка за Авеља 56

LE BEAU EST TOUJOURS BIZARRE

Два прста испод срца 61
Записи из земље 66
Алеја сплина 73
Кал 77

О аутору 87

Дејан Вукићевић
АЛЕЈА БИЗАРНИХ КИПОВА

*

Главни уредник
НОВИЦА ТАДИЋ

*

Рецензент
РАДОВАН БЕЛИ МАРКОВИЋ

*

Лектор
МИРОСЛАВА СТОЈКОВИЋ

*

Издавач
ИП РАД
Београд, Дечанска 12

*

За издавача
СИМОН СИМОНОВИЋ

*

Штампа
Komino Trade, Краљево

Штампање књиге помогли:

AFIX – Краљево

DOM DIZAJN – Конарево–Краљево

ARIZONA – Краљево

13. СЕПТЕМБАР – Краљево

ELNOS – Краљево

ATLAS WOOD – Краљево

ЦЕЗАР – Краљево

ЈКП ТОПЛАНА – Краљево

CIP– Каталогизација у публикацији
Народна библиотека Србије, Београд

821.163.41–32

ВУКИЋЕВИЋ, Дејан

   Алеја бизарних кипова / Дејан Вукићевић. – Београд : Рад, 2002 (Краљево : Komino trade). – 87 стр. : слика аутора ; 20 cm. – (Знакови поред пута)
Тираж 400. – О аутору: стр. 87

ISBN 86–09–00770–7

COBISS–ID 96865036

www.ingramcontent.com/pod-product-compliance
Lightning Source LLC
Chambersburg PA
CBHW071727040426
42446CB00011B/2257